**토기장이**

"우리는 진흙이요 주는 토기장이시니
우리는 다 주의 손으로 지으신 것이라"(이사야 64:8)

잠언에서 배우는
## 상처 주지 않고 비판하기

Kritisieren ohne zu verletzen
Lernen von den Sprüchen Salomos
by Volker Kessler

All rights reserved
© 2005, 2019 by Brunnen Verlag GmbH, Giessen
www.brunnen-verlag.de

Korean Translation Copyright © 2019 by Togijangi Publishing House
Togijangi B/D 3F, Mangwonro 26 Mapogu Seoul Korea

This Korean Edition was published by arrangement with Brunnen Verlag GmbH, Giessen
through BRUECKE Agency.

이 책의 한국어판 저작권은 브뤼케 에이전시를 통해 Brunnen Verlag GmbH, Giessen과 독점 계약한 도서출판 토기장이에 있습니다. 저작권법에 의해 한국 내에서 보호를 받는 저작물이므로 무단 전제와 무단 복제를 금합니다.

특별한 표기가 없는 모든 성경 구절은 개역개정성경을 인용한 것입니다.

잠언에서 배우는
# 상처 주지 않고 비판하기

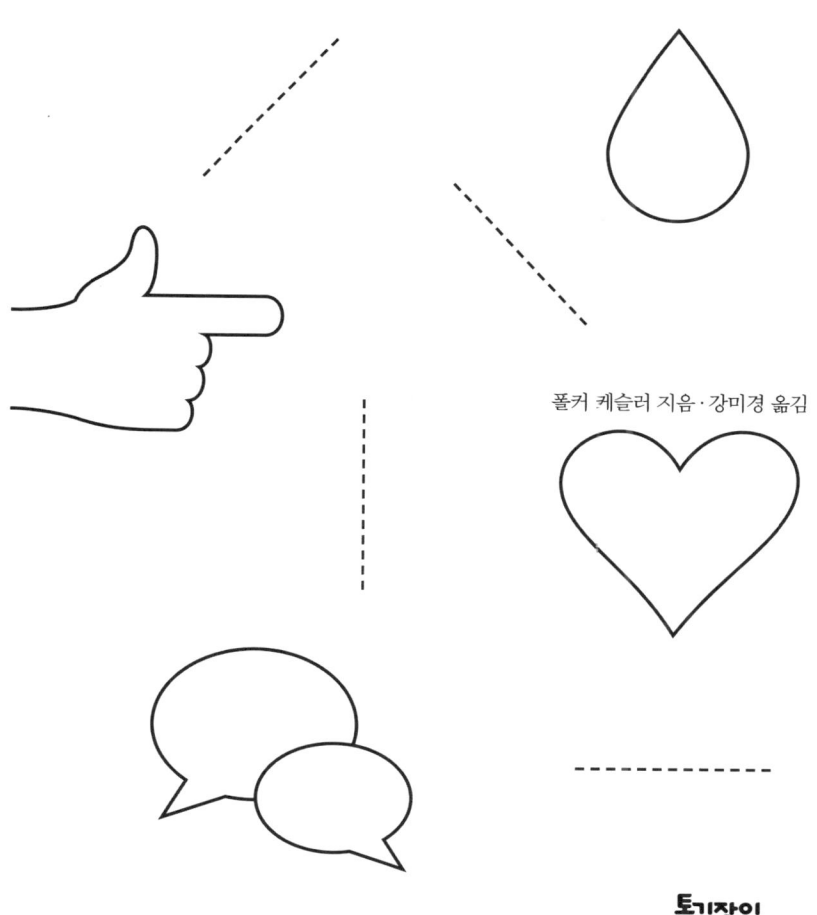

폴커 케슬러 지음 · 강미경 옮김

토기장이

차례

1. 쇠는 쇠에 갈아야 날카롭게 되듯이     7

2. 지혜를 얻으려면     13

    솔로몬은 누구이며 왜 잠언을 썼을까
    지혜자는 충고를 귀담아듣는다
    스스로 지혜롭다고 여기는 사람은

3. 악한 혀는 날카로운 칼과 같다     25

    인격에 따라 천차만별
    못된 비판가가 되려면

4. 비겁한 침묵     35

    숨겨진 사랑
    센 방법과 약한 방법

5. 바른 침묵     43

    거만한 자를 책망하지 마라
    자기와 상관없는 다툼에 참견하지 마라
    험담을 무시하라

6. **지혜로운 비판**     51

    공공연한 거짓말보다 낫다
    때에 맞는 한마디 말
    말이 많으면 허물을 면하기 어렵다
    부드러운 대답은 화를 가라앉힌다
    말하기를 더디 하라
    4단계 피드백
    잣대 있는 비판

7. **상처 주지 않고 비판하는 법**     83

    살고 죽는 것이 혀에 달렸다
    멋진 비판가가 되기 위한 꿀팁

8. **지혜로운 대화법의 기술**     91

    명령법 대신 직설법
    독자의 자기 책임
    거부당한 대안
    상대방에게 선택권을 주라

감사의 말
참고문헌
주

# 1
## 쇠는 쇠에 갈아야 날카롭게 되듯이

> 쇠는 쇠에 갈아야 날카롭게 되듯이 사람은 사람에게 부딪혀야 다듬어진다. _잠 27:17, 쉬운성경

몇 년 전부터 나는 일 년에 두 차례 세 남자와 더불어 멘토링 모임을 갖고 있다. 우리는 이틀 동안 함께 시간을 보내며 '서로를 날카롭게' 연마한다. 보통은 각자 지금 하고 있는 일들과 결정해야 할 중요한 사안들을 나누는데, 서로에게 집중해서 마음을 활짝 열고 대화하다 보면 모두 위로와 치유를 경험하고 여러모로 큰 유익을 얻는다. 우리는 이 모임을 늘 손꼽아 기다린다!

위의 잠언 말씀에 따르면 인격의 성숙을 위해 우리는 서로를 필요로 한다. 성품의 모난 부분을 갈고닦으려면 서로의 비판이 필요하지만, 사실 비판이란 위험한 것이기도 하다. 그러나 성경에는 이에 대한 위로의 말씀도 있다.

책망하는 사람이 아첨하는 사람보다 나중에 더욱 귀히 여김을 받을 것이다. _잠 28:23, 쉬운성경

지혜자 솔로몬은 말하기를 참된 충고자란 상대의 유익을 위해 쓴소리를 마다하지 않는 용기를 지닌 사람이며, 듣기 좋은 소리만 앞에서 늘어놓는 사람보다 나중에 더욱 인정받게 된다고 한다. 여기서 특히 "나중에"라고 한 것은 아무리 유익한 비판이라 해도 비판을 즉시 달게 받는 사람은 드물다는 뜻이다. 이론적으로야 인격의 발전을 위해서는 비판이 꼭 필요하다고 모두 입을 모으지만, 막상 실제상황에 맞닥뜨리면 안색이 달라진다. 그럼에도 솔로몬은 우리 내면이 성숙해지려면 서로의 비판이 꼭 필요하다고 말하는데, 그렇다면 제대로 된 비판이란 과연 무엇일까?

이 책에서는 구약성경의 잠언 말씀에서 지혜를 빌어, 비판할 때 반드시 해야 하는 것은 무엇이며, 절대 하면 안 되는 것은 무엇인지 살펴보려 한다. 대화법에 관한 최신학문에서 소위 '새로운' 이론이라고 떠벌이는 것도, 실은 알고 보면 이미 솔로몬의 잠언에서 언급됐던 내용이 많기 때문이다. 잠언은 3천 년도 넘은 지혜의 보고다.

잠언은 주로 인간의 일상생활 전반을 다루고 있기 때문에 의사소통의 문제 역시 짚고 넘어간다. 솔로몬의 잠언은 유대인과 기독교인의 경전인 동시에, 서양의 문화유산을 이루는 근간이기도 하다. 당시 이집트를 비롯한 이웃 민족들의 삶의 지혜도 함께 담고 있는 잠언은 국제적인 지혜문서다.

이 책은 특히 서양문화의 대화법을 다루고 있다. 의사소통이란 늘 문화와 밀접한 관계가 있으므로, 다른 문화권의 독자라면 이 책에서 제안하는 방법들이 그곳에서도 효과가 있는지 시험해 보기 바란다.

"책을 쓰는 일은 끝이 없고"라고 전도서 12장 12절은 말한다. 그렇다면 이 책을 쓰는 목적은 무엇일까? 당신이 이 책을 읽고 나면

1. 상처 주지 않고 비판하는 법에 대한 기본지식을 얻을 수 있을 것이다.
2. 언제 입을 다무는 게 낫고, 언제 입을 여는 게 좋은지 알 수 있을 것이다.
3. 현대의 의사소통심리학과 성경이 전하는 지혜의 가르침 사이에 놀랄 만한 공통점이 있음을 알게 될 것이다.

4. 대화법에 관한 더 많은 지혜를 얻기 위해 잠언 말씀을 직접 읽어 보고 싶어질 것이다.

독일 굼머스바흐에서  
폴커 케슬러  
(Volker.Kessler@acf.de)

**솔로몬은 누구이며 왜 잠언을 썼을까**

솔로몬의 잠언은 성경의 지혜문서 중 하나다. 그 외 전도서, 욥기, 시편 등도 구약의 지혜문서로 꼽히는데, 이 책들은 주로 반복되는 일상의 문제를 다룬다. 이 교훈들을 배워서 생활에 적용하는 사람이 성경적 의미에서 지혜로운 자다.

> 너는 권고를 들으며 훈계를 받으라. 그리하면 네가 필경은 지혜롭게 되리라. _잠 19:20

지혜를 구하는 자는 인생길을 안전하게 걷고 밤에도 편안히 잘 수 있다.

> 네가 네 길을 평안히 행하겠고 네 발이 거치지 아니하겠으며 네가 누울 때에 두려워하지 아니하겠고 네가 누운즉 네 잠이

달리로다. _잠 3:23-24

일상생활을 성공적으로 해나가는 것이 지혜다. 지혜로우면 장수한다.

지혜의 오른손에는 장수가 있고 그 왼손에는 부와 명예가 있다. _잠 3:16, 쉬운성경

심지어 에덴동산 이야기(창 3:22)에 나오는 유명한 '생명나무'가 지혜에 비유된다. 생명나무가 영생을 주듯이 지혜로운 인생 경영이 장수를 보장하기 때문이다.

지혜는 그 얻은 자에게 생명나무라. _잠 3:18

따라서 성경의 잠언은 매우 실용적인 책이다. 잠언은 가정, 일터, 사회에서 인관관계를 어떻게 해야 할지 상세히 알려 준다. 이 이스라엘 지혜문서는 '실용적인 이성의 신학'이다. 미국의 경영학교수 마이클 지가렐리Michael A. Zigarelli는 잠언에서 영감을 얻어 「잠언으로 경영하라」(Management by

Proverbs)는 책을 쓰기도 했다.

잠언은 경험으로 증명된 보편적 지혜를 담고 있다. 물론 지혜자라 하더라도 욥처럼 사고를 당하거나 때론 일찍 죽을 수도 있으니 늘 장수한다고 장담할 수는 없지만 말이다.

잠언은 성경의 기도서인 시편 바로 뒤에 이어지는데, 시편이 하나님과 인간의 수직적 관계를 주로 다루고 있다면, 잠언은 인간과 인간 사이의 수평적 관계를 다룬다. 물론 그것은 언제나 심판자 되시는 하나님 앞에서 이루어진다. "여호와께서 그들의 사정을 듣고 그들을 학대한 자들을 벌하실 것이다"(잠 22:23, 쉬운성경).

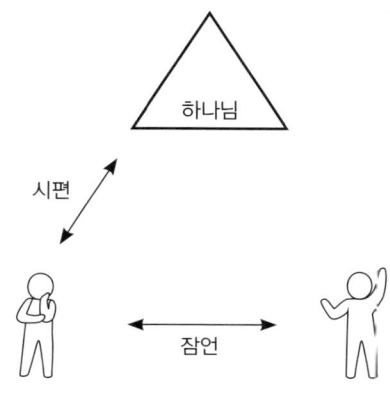

그림1: 잠언과 시편

단순하게 표현해서, 시편의 주제가 인간이 하나님을 의식적으로 만나는 시간이라고 한다면, 잠언은 일상의 시간을 다룬다. 발터 침머리Walther Zimmerli는 이 이스라엘 지혜문서의 목적을 이렇게 말한다. "하나님 앞에서 인생이란 언제나 명백하게 '종교적'인 영역에서만 이루어지는 게 아니다. 풀어야 할 문제들로 가득한 하루하루의 삶과 직장생활 등에서 아내, 자녀, 친구, 동료들과의 인간관계를 일일이 어떻게 풀어가라는 하나님의 지시가 없기 때문이다."[1] 그렇다 보니 우리는 극히 평범한 일상생활에서 '도대체 어떻게 처신하는 게 바르고 그른지' 늘 궁금할 수밖에 없다.

다윗 왕은 구약 시편의 저자이지만 그의 아들 솔로몬은 잠언을 모으고 전파한 지혜자의 전형이기에, 우리는 성경의 잠언 전부를 솔로몬이 짓지 않았음에도 '솔로몬의 잠언'이라고 부른다.

솔로몬은 통치 초기에 하나님께 지혜를 구했다(왕상 3:9). 그 후 일어난 판결사건을 보면 이 기도가 응답되었음을 알 수 있다(왕상 3:16-28). 두 창녀가 솔로몬 왕을 찾아왔다. 둘은 함께 사는데 같은 날 아들을 낳았다. 어느 날 아침 한 여자가 일어나 보니 아기가 죽어 있었다. 이 여자는 죽은 아기가 자기 아이가 아니라고 주장했고, 같이 살던 여자는 저 여자가 밤에 아기를 바꿔치기했다고 호소했다. 두 여자 모두 살아 있는 아기가 자기 아이라고 옥신각신했다. 아무도 본 사람은 없었다. 누가 진짜 엄마인지 어떻게 알 수 있을까?

솔로몬 왕은 이 골치 아픈 사건을 귀 기울여 듣고 슬기롭게 해결한다. 칼로 아이를 둘로 나누어 두 여자에게 절반씩 주라고 명령한 것이다. 한 여자는 "좋습니다"라고 하는데, 다른 여자는 울고불며 아이를 죽이지 말고 차라리 저 여자에게 주라고 한다. 이로써 진짜 엄마가 드러났다.

지혜를 구한 솔로몬의 기도는 넘치게 응답되었다. "하나님이 솔로몬에게 지혜와 총명을 심히 많이 주시고 또 넓은 마음을 주시되 바닷가의 모래같이 하시니 솔로몬의 지혜가 동쪽 모든 사람의 지혜와 애굽의 모든 지혜보다 뛰어난지라"(왕상 4:29-30). 그러나 이 위대한 지혜도 솔로몬이 하나님의 계명을 어기는 것은 막지 못했다. "솔로몬이 여호와의 눈앞에서 악을 행하여 그의 아버지 다윗이 여호와를 온전히 따름같이 따르지 아니하고"(왕상 11:6). **그러므로 지혜는 신실한 믿음을 대신할 수도 없고 보장하지도 못한다.**

성경적 의미에서 참된 지혜는 언제나 '여호와를 경외하고 그분에게 순종하는 것'(잠 1:7, 9:10; 시 111:10)으로 시작된다. 게하르트 폰 라트Gerhard von Rad의 말처럼 이것이 바로 '이스라엘 인식론의 전부'다.[2]

이제 의사소통 문제에 관한 잠언의 몇 구절을 살펴보려 한다. 잠언의 문체는 간결하고 압축적이어서 휙 훑고 지나가기보다는 곰곰이 되씹어야 그 뜻을 잘 이해할 수 있다. 자, 시대를 초월한 이 진리를 깊이 캐내어 내 것으로 삼아 보자.

### 지혜자는 충고를 귀담아듣는다

사람마다 비판에 제각기 다르게 반응한다는 것을 우리는 경험으로 잘 알고 있다. 잠언은 슬기로운 자와 어리석은 자를 흑과 백처럼 분명히 가른다.

> 슬기로운 자는 한 마디 책망에 깨우치나, 어리석은 자는 매를 백 대 맞아도 알지 못한다. _잠 17:10, 쉬운성경

슬기로운 자는 자신을 돌아볼 줄 알아서 충고와 비판을 귀담아듣고 나날이 발전하지만, 미련한 자는 자기 생각만 고집하면서 남의 의견은 싹 무시한다.

> 미련한 자는 자기 행위를 바른 줄로 여기나 지혜로운 자는 권고를 듣느니라. _잠 12:15

혹시 이 구절은 현실을 반대로 묘사한 게 아닐까? 미련하고 고칠 점이 많아 비판이 꼭 필요한 사람은 조언을 듣기 싫어하고, 이미 지혜로워서 별다른 비판이 필요 없는 사람은 비판을 즐겨 듣는다니….

하지만 사람이란 원래 그런 법이다. 정말 슬기로운 자는 충고를 받아들여 나날이 발전한다. 1998년에 나는 클라우스 아이크호프Klaus Eickhoff 목사를 알게 되었는데, 당시 62세였던 그는 책을 여러 권 쓰고 널리 강연도 다녀서 꽤 유명한 사람이었다. 반면 나는 막 신학공부를 끝내고 클라우스 목사와 함께 세미나를 기획하고 이끌었는데, 그는 이미 다양한 경험을 할 만큼 한 노련했음에도 불구하고 놀랍게도 신출내기 신학자인 내 의견을 늘 묻곤 했다.

그와 달리 자기 생각에만 사로잡혀 있는 사람도 나는 여럿 만났다. 그들은 자신의 지식이 맞고, 자신의 행동이 옳다는 확신이 너무나 강해서 누구에게도 조언을 구하거나 들으려고 하지 않았다. 정작 조언이 필요한 사람은 바로 그들이었는데도 말이다.

## 스스로 지혜롭다고 여기는 사람은

어느 날 아들 미카가 내게 영어성적표를 보여 주었다. 그곳에는 '능동태와 수동태의 기본을 이해하지 못한다'는 선생님의 평가가 쓰여 있었다. 내가 미카에게 "왜 나한테 미리 안 물어봤니? 그랬다면 내가 둘의 차이점을 잘 설명해 줬을 텐데…"라고 했더니 그 아이의 대답이 걸작이었다. "저는 제가 알고 있는 줄 알았어요."

내가 무엇인가에 대해 모른다거나, 내가 모른다는 걸 알고 있다는 것은 전혀 문제될 게 없다. 정작 문제는 나의 무지함을 모르는 것이다. 자기가 안다고 여기는 사람은 남의 조언을 들으려 하지 않기 때문이다.

> 네가 스스로 지혜롭게 여기는 자를 보느냐. 그보다 미련한 자에게 오히려 희망이 있느니라. _잠 26:12

이 말씀은 미련한 자는 아예 희망 없는 자라고 노골적으로 몰아세운다. 오토 플뢰거Otto Plöger의 해석에 따르면 "사람이 빠질 수 있는 미련함의 극치는 스스로 지혜롭다고 여기는 것이며, 이런 미련한 자는 자아정체성을 착각한 탓에 나락을 향해 돌진하는 기차에 탄 것 같은 고통을 겪는다."[3] 반면 자기를 미련하다고 여기는 사람은, 스스로 지혜롭다고 착각하여 남의 조언을 듣지 않는 사람보다 훨씬 희망적이다. 그러므로 미련한 자는 비판을 받아들여 지혜를 얻는 자를 본보기로 삼아야 한다.

> 거만한 자를 때리라. 그리하면 어리석은 자도 지혜를 얻으리라. 명철한 자를 견책하라. 그리하면 그가 지식을 얻으리라. _잠 19:25

3

악한 혀는 날카로운 칼과 같다

발전하려면 비판이 필요하나, 비판은 상처를 줄 수도 있다.

되는 대로 하는 말은 비수처럼 찌르지만. _잠 12:18, 쉬운성경

물론 우리는 남을 비판할 때보다 남이 우리를 비판할 때 더 비수로 찔리는 듯한 고통을 느낀다. 비판하는 자는 그 순간 상대에게 힘을 휘두르는 위치에 있기 때문이다. "너 참 잘했어"라는 칭찬 역시 칭찬하는 자가 칭찬받는 자보다 위에 서서 평가할 권리가 있다는 인상을 준다. 이처럼 힘 있는 위치에 있는 사람만이 상대에게 상처를 줄 수 있다.

**인격에 따라 천차만별**
이런 '비수 같은' 비판에 대응하는 방식은 비판받는 자의 인격에 따라 제각각이다. 2005년 독일 쾰른에서 열린 카톨릭세

계청년대회의 회장 헤르만 요제프 요한Herrmann-Josef Johanns은 행사기획 당시 조직력에 문제가 있다는 비판을 받았다. 그는 과연 어떻게 반응했을까?

"나는 비판에 전혀 개의치 않는다. 당신이 부정적인 기사를 쓰면 나는 그것을 오려서 거울에 붙여 놓고 자극제로 삼겠다."(쾰니쉐 룬트샤우Kölnische Rundschau[쾰른지역 대표신문—역자 주] 2005.3.15)

앞서가는 사람들은 비판을 건전한 도전으로 받아들이고 자기 입장을 솔직하게 밝힌다.

그와 달리 관계지향적인 사람들은 비판을 받으면 관계가 깨질까 봐 지레 겁부터 먹는다. 언젠가 나는 친구들과 요트를 탄 적이 있는데, 위험한 상황이 닥치자 선장은 평소와 달리 날카로운 목소리로 우리에게 명령을 내렸다. 같이 가던 여자 동료 하나는 화난 듯한 선장의 목소리 때문에 선장과의 관계에 금이 갔다고 여겨서 하루 종일 풀이 죽어 있었다.

성실한 유형의 사람들은(나도 그런 부류인데) 자신의 가치를 자기가 한 일과 동일시하는 경우가 많다. 그래서 자기가 이뤄낸 성과를 누군가 비판하면 자신의 존재가 부정당했다고 여긴다. 언젠가 나와 아내 마티나는 똑같이 비판을 받아

고통스러워한 적이 있었지만, 아내는 비판한 사람과의 관계가 망가져서 마음에 상처를 입었고, 나는 내가 해낸 일이 불만스러워서 가슴이 아팠다.

차분하고 소극적인 점액질 유형의 사람들은 비판을 들어도 느긋하게 잘 받아들이는 대신 변화가 없다. 이처럼 비판을 받으면 어떤 사람은 칼에 찔린 듯 고통스러워하지만, 또 어떤 사람은 그저 모기에 물린 마냥 별 반응이 없고, 더러는 전혀 무감각하기도 하다.

**못된 비판가가 되려면**
상대를 확실하게 상처 입히는 비판의 꿀팁 몇 가지를 공개하겠다.

1. 당신이 하려는 비판을 가능한 한 오래 미루어라
최소한 반년은 묵혀 뒤라. 그러면 첫째, 상대가 문제 상황을 정확히 기억하지 못해서 거의 반박이 불가능해질 것이다. 둘째, 당신이 상대가 하는 일 전반에 대해 불만이 있는지 어떤지 애매해서 불안에 떨게 되고, 그 결과 당신이 노리는 바, 그는 작업능력을 최대치로 발휘하게 될 것이다.

## 2. 비판쿠폰을 모아라

뭔가에 화가 나거든 즉시 내뱉지 말고 평소 할인쿠폰을 모으듯이 차곡차곡 모아 두어라. 못마땅할 때마다 비판사항을 적어 놓았다가, 양이 절반 정도 차거든 한꺼번에 터뜨려라. 충분히 탄약을 모으기 때문에 상대를 한 방에 날려 버릴 수 있다는 장점이 있다.

## 3. 객관화하라

당신 개인의 의견을 객관적으로 포장하라. 상대의 태도를 당신처럼 못마땅해 하지만 아직 한 번도 내색한 적 없는 사람들에게 마음을 터놓아라. 그러면 상대가 지금까지 그런 비판을 들어본 적 없다고 당신에게 대드는 경우 재깍 "나하고 똑같이 생각하는 사람들이 많다"고 반박할 수 있다. 당신은 지극히 객관적인 재판관으로 나서서 당신의 판결이 옳음을 증명하는 것이다.

## 4. 당신이 척도가 되라

당신이 보기에 무엇이 왜 옳거나 그르다고 여겨지는지 판단 기준 따위를 만들지 마라. 그런 것은 전혀 필요 없다. 당신 자신이 곧 척도이니까. 당신 마음에 안 들거든 일일이 설명하려 들지 마라.

### 5. 상대 위에 군림하라
상대에게 당신의 우월함을 보여라. 상대보다 당신의 지위가 높다든지, 경력이 많다든지, 학력이 화려하다든지, 어떤 이유를 내세워서라도 상대의 기를 죽여라. 그러면 상대는 당신 앞에서 자기가 얼마나 보잘것없는 존재인지를 뼈저리게 느끼게 될 것이다.

### 6. "다 너를 위해서 하는 말이야"
이 얼마나 비판하기 좋은 구실인가! 이 말을 듣는 순간 상대는 반박하려는 마음을 싹 접고, 당신이 퍼붓는 비판을 다소곳이 받아들일 것이다. 효과 최고다!

### 7. 일반화하라
구체적인 사항에 대해서만 콕 집어서 말하지 갈고 "너는 늘 그래 왔고, 매번 이런 식이야"라고 못을 쾅 박아라.

8. 행위가 아니라 인격을 비판하라

누가 실수하거든 그 행위만 잘못됐다고 말하지 말고 "너는 덜떨어진 멍청한 놈이야"라고 싸잡아 비난하라.

9. 비판거리가 눈에 띄는 족족 평가하라

뭔가 잘못된 게 눈에 띄거든 바로 언급하라. 믿음직한 학자는 근거자료가 모이자마자 곧장 결론을 내리는 법이다. 그래야 시간을 절약해서 다른 일에 유용하게 쓸 수 있으니까.

10. 비판을 감정으로 위장하라

당신은 유식하므로 대화할 때 "나는…" 화법을 쓰는 게 바람직하다는 사실을 잘 알고 있을 것이다. 그래서 "내가 느끼기에 네가 잘못했어"라고 말한다. 당신은 "내가 느끼기에"라는 말로 시작하여 단순히 감정을 표현하지만 "네가 틀렸다"라는 확고한 비판으로 문장을 마무리한다. 상대가 항의하면 이렇게 말해 주면 된다. "나는 그저 내가 느낀 걸 말했을 뿐이야." 상대는 당신이 분명 "내가 느끼기에"라고 설레발을 쳤기 때문에 선뜻 반박하기 어렵다.

## 11. "너에게 개인적인 반감은 없어"

"정말 개인적인 감정은 아니야." "다시 한 번 강조하지만 사적인 감정은 없다고." 이런 말을 되도록 자주 반복하라. 그러면 실제로는 뭔가 개인적인 감정이 깔려 있다는 사실이 강조되는 동시에, 상대는 이 개인적인 차원에 대해서 말하기 곤란해지는 이중효과를 거둘 수 있을 것이다.

## 12. 구체적으로 어떻게 개선해야 할지는 알려 주지 마라

상대가 어떻게 하면 안 되는지만 말하고, 어떻게 하면 좋을지에 대해서는 절대 말하지 마라. 그러면 상대는 당신이 비판하는 내용은 알겠으나 그렇다면 앞으로 대체 어떻게 하라는 것인지 감을 못 잡아서 낙심과 절망에 몸부림치게 될 것이다.

## 13. "그렇게 우는소리 하지 마"

당신의 비판에 상대가 상처받았다고 하거든 이 한마디로 입을 틀어막아라. "우는소리 좀 하지 마." 그러면 같은 상처에 두 번 화살을 쏘는 셈이 된다. 상대는 당신의 첫 비판에 상처받은 데다가, 자기가 상처 입었다는 사실을 재차 실감하면서 또 한 번 기분이 확 상하게 될 것이다.

14. 상대가 완전히 뻗어 버리면 확인 사살하라

길거리 싸움판처럼 비판하라. 상대가 당신의 비판에 상처를 입고 쭉 뻗어 버리거든 그 절호의 기회를 놓치지 말고 한 번 더 비판의 펀치를 날려라. 상대가 완전히 나가떨어진 상황에서는 조금도 수비할 수 없으니 이제 승리는 확실히 당신의 것이다.

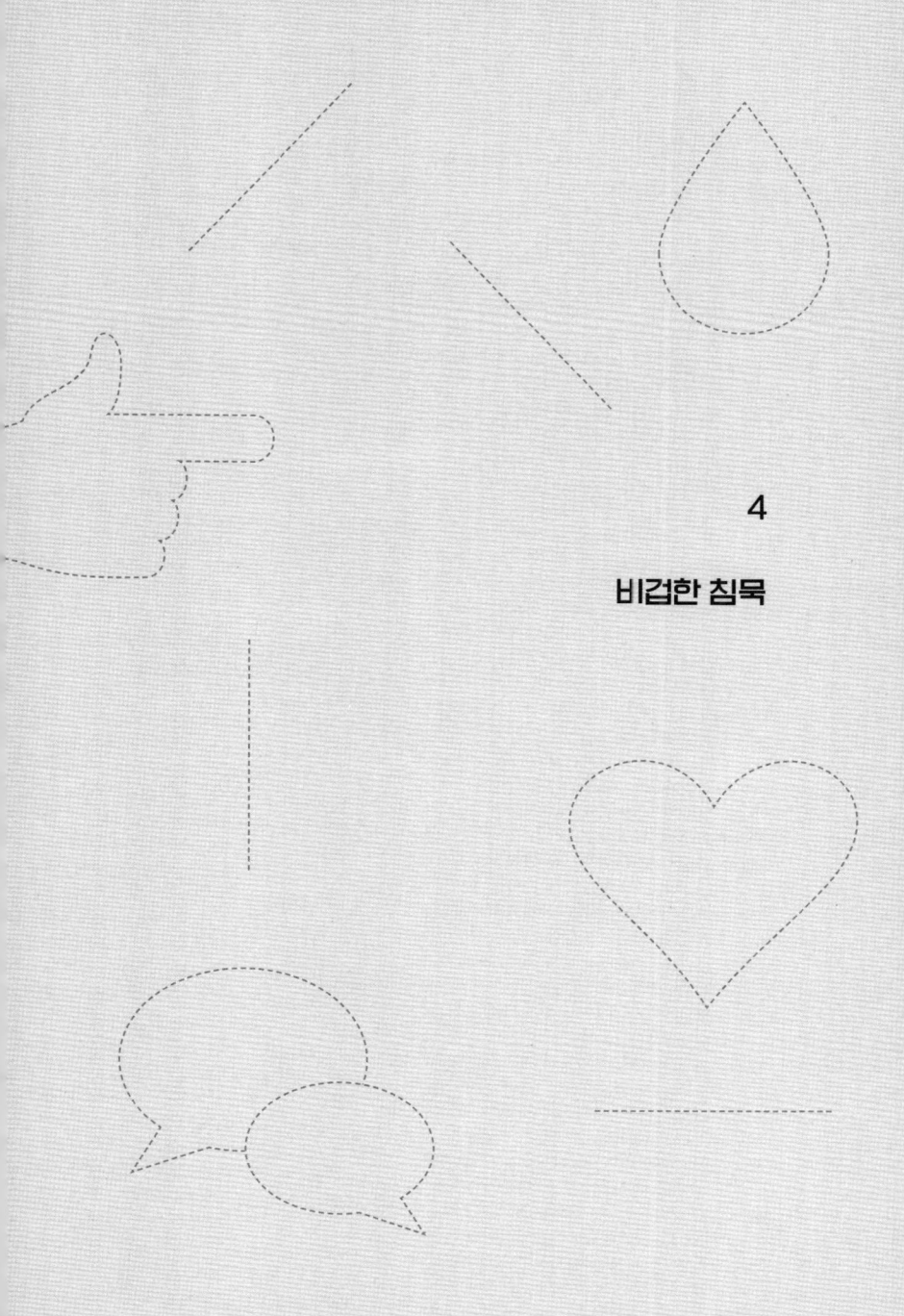

4

비겁한 침묵

**숨겨진 사랑**

못된 비판가를 위한 꿀팁을 읽고 혹시 이런 생각이 들었는가? '그러면 절대 비판일랑 하지 말아야지. 아무에게도 상처 주기 싫으니까.' 하지만 그릇된 침묵도 관계를 망칠 수 있다.

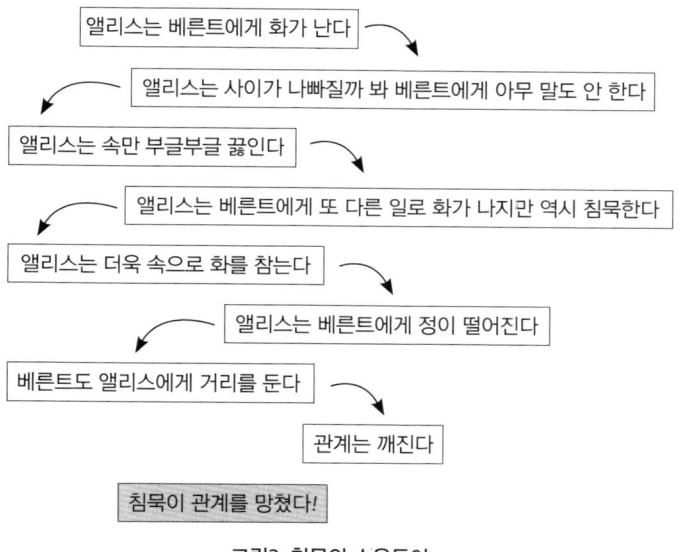

그림2: 침묵의 소용돌이

당사자들은 관계를 보호하려고 침묵하지만, 침묵 역시 관계를 망칠 수 있다는 이 '현대적' 지식도 이미 솔로몬의 잠언에 언급되어 있다.

> 면전에서 책망하는 것이 숨겨진 사랑보다 낫다. _잠 27:5, 쉬운성경

비록 상대를 잃을까 봐 두려워서 침묵한다 할지라도 침묵 자체가 사랑이나 관심의 표현은 아니다. 우정이 깨질까 봐 두려워서 입을 다무는 사람은 오히려 이기적인 행동을 하는 셈이다.

제3자가 누군가의 태도로 상처를 입었는데, 이 제3자가 자신을 방어할 수 없을 때에도 부당하게 침묵하는 사람은 그에게 상처를 준 사람과 공범이 된다.

**센 방법과 약한 방법**

갈등을 해결하기 위해 우리는 흔히 센 방법을 사용한다.

1. 상대에게 압력을 행사한다.
2. 자기 입장을 고수한다.
3. 관계를 위해 양보를 요구한다. "너 나랑 계속 친구로 남

고 싶거든 이렇게 해."

4. 센 방법을 쓰는 지도자는 상황을 무마시키려고 상대에게 독재적인 권력을 행사한다.

반면 약한 방법을 선호하는 사람들은
1. 압력에 순응한다.
2. 자기 욕구를 억누른다.
3. 관계를 위해 양보한다. '내가 이렇게 하면 저 사람이 나를 떠나지 않겠지.'
4. 약한 방법을 취하는 지도자는 자유방임형으로, 아무도 안 다치게 하려고 모든 것을 허용한다.

당신은 주로 어떤 식으로 반응하는지 잠시 생각해 보라. 다음 표에서 어디쯤 위치하는가?

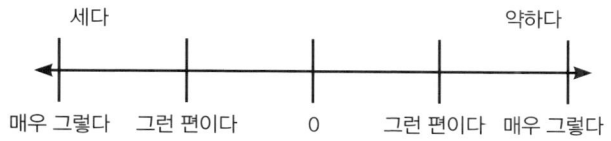

그림3: 자기점검 화살표 – '센 편인가 약한 편인가?'

4. 비겁한 침묵

약한 쪽이 기독교적 방법이라고 생각하는 사람들이 많다. 이들은 예수님의 말씀 중 "누구든지 네 오른편 뺨을 치거든 왼편도 돌려 대며"(마 5:39)라는 구절을 근거로 들면서 기독교 지도자는 자비로워야 한다고 주장한다.

나는 예수님의 이 말씀을 모든 상황에서 따라야 할 행동 지침이라고 보지 않는다. 로마 군인들이 예수님을 겟세마네 동산에서 체포했을 때 예수님은 저항하실 수 있었으나 그러지 않으셨다. 하지만 대제사장의 종이 예수님의 얼굴을 쳤을 때는 그에게 다른 뺨을 돌려대지 않으시고 "내가 사실을 말했다면 네가 어째서 나를 치느냐"(요 18:23, 쉬운성경)라고 반박하셨다. 그리스도인들은 어떤 때는 부당함을 참아야 하지만, 어떤 때는 권리를 주장해야 한다.

자유방임은 얼핏 보면 은혜로운 방법 같아도, 그 자체로는 기독교적이라고 할 수 없다. 예를 들어, 어떤 기독교 단체의 내부규칙 중 모든 회원은 점심식사에 참석해야 한다는 내용이 있다고 해보자. 식사에 빠지는 회원은 미리 불참목록에 이름을 올려야 한다. 하지만 유감스럽게도 회원들이 사전에 알리지 않아 주방에서 불필요하게 식사를 너무 많이 준비하는 일이 자주 일어났다. 그런데 주방장이 개선을 요구할 때

회장이 "이곳은 은혜의 집이므로 회원들을 통제하지 않겠다"고 말한다고 생각해 보자. 그 말이 당장 좋게 들리기는 할 것이다. 하지만 명백히 고통을 당하는 지체를 보고도 자비를 베풀지 않는 사람을 과연 공동체를 위하는 사람이라고 할 수 있을까? 계속해서 음식을 잔뜩 만들어 버려야 하는 주방 직원에게 이같은 회장의 자유방임은 은혜가 아니라 실망만을 안겨 줄 것이다.

센 방법과 약한 방법 외에 상대에게 상처를 주지 않으면서 문제점을 바로잡을 제3의 해결책이 없는지는 앞으로 차차 잠언 말씀과 더불어 살펴보도록 하고, 우선 당장은 언제 침묵해야 할지에 대해 알아보도록 하겠다.

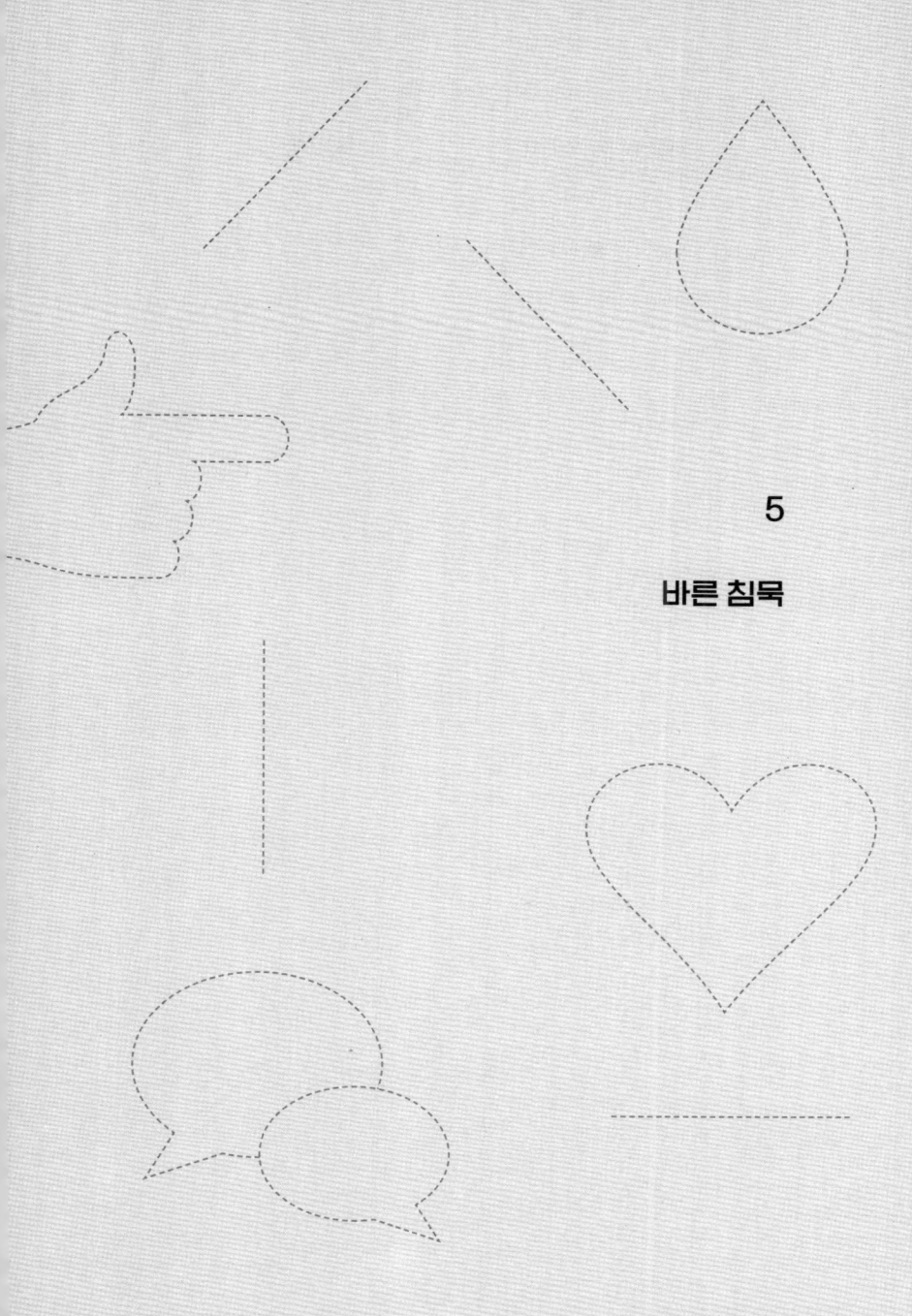

5

바른 침묵

나는 인간관계를 분명하게 맺고 끊는 편이라, 문제가 생기면 덮어 두려고 하기보다 솔직하게 말하곤 한다. 비록 내 주변 사람들은 대체로 그런 방식을 원치 않지만 말이다.

잠언은 비판하기보다 차라리 침묵하는 것이 더 나은 세 가지 경우를 이야기한다.

### 거만한 자를 책망하지 마라

잠언은 미련한 자에 대해 계속 충격적인 경고를 한다. "미련한 자는 자기 행위를 바른 줄로 여기나"(잠 12:15). 거만한 자, 어리석은 자는 전혀 충고를 들으려 하지 않으므로 차라리 입을 다무는 게 낫다는 게 잠언의 논리다.

> 거만한 자를 징계하는 자는 도리어 능욕을 받고 악인을 책망하는 자는 도리어 흠이 잡히느니라. 거만한 자를 책망하지 말라.

그가 너를 미워할까 두려우니라. 지혜 있는 자를 책망하라. 그가 너를 사랑하리라. _잠 9:7-8

대화법에 관한 현대 전문서적들도 "상대가 원하지 않는 피드백은 소용없다. 피드백을 들으려 하지 않을 때는 아무 말도 하지 마라. 해봐야 효과 없다"고 말한다.
이 점에서는 구약 잠언의 지혜와 최신 의사소통심리학의 견해가 같다.

**자기와 상관없는 다툼에 참견하지 마라**

자기와 상관도 없는 다툼에 참견하는 행인은 개의 귀를 잡아당기는 사람과 같다. _잠 26:17, 쉬운성경

갈등대처법에 대한 핵심조언은, 개의 귀를 잡아당기는 바보짓을 하지 말라는 것이다! 우리 딸 나타냐는 스파니엘과 몰티즈가 섞인 애완견을 키우는데, 무게 3킬로그램에 키 22센티미터짜리 이 개는 아무리 꼬집어도 반응이 없다(우리 딸 역시 그렇다). 하지만 독일산 쉐퍼드에게 이런 짓을 하면 번개처

럼 반응할 것이다.

마찬가지로 자기와 아무 상관없는 싸움에 껴어드는 것도 마찬가지로 어리석은 짓이다. 그러면 싸우던 양쪽이 느닷없이 한편이 되어 분쟁의 조정자로 몸소 나선 어리석은 자에게 "누가 너를 우리 재판관으로 세웠느냐?" 하고 대들 것이다.

공공의 적이 생기면 두 싸움꾼은 갑자기 동지가 된다. 미련한 참견쟁이는 바라던 화해를 이루어 내기는 하지만, 공격의 화살이 자신에게 향하는 새로운 문제에 휘말리게 된다.

우리 가정에서는 내가 자주 이런 꼴이 된다. 나는 자녀가 넷인데, 아이들은 가끔(내가 보기에는 엄청 자주) 싸운다. 나는 외동으로 자라서 한 번도 형제들과 다퉈 본 적이 없기 때문에 가족의 싸움을 견디는 것이 예나 지금이나 무척 힘들다. 그래서 얼른 다툼을 말리려고 섣불리 끼어들다가 양쪽 모두로부터 원성을 듣곤 한다. 나와 달리 여섯 식구가 타글거리는 가정에서 자란 아내 마티나는 형제자매들 간의 싸움이 일상이었기에, 아이들이 직접 해결하도록 느긋하게 내버려 둔다.

나는 집에서는 가장으로서, 밖에서는 리더로서, 이런 상황에 놓일 때 언제 개입해야 할지가 제일 고민스럽다. 끼어드는 시점은 갈등이 어느 정도에 이르렀는가에 달려 있다. 시작 단계라면 당사자들끼리 해결하도록 내버려 두는 게 바람직하다. 중간 단계로 번지면 중재자가 필요하고, 절정으로 치달을 때는 심판관이 직접 관여해야 한다. 리더는 공동체(가족, 회사, 교회 등)가 해를 당하거나, 누군가가 지속적으로 심각하게 상처를 입을 때 반드시 개입해야 한다. (갈등단계 지표에 관해서는 갈등연구가 프리드리히 글라슬Friedrich Glasl로부터 더 자세한 정보를 얻을 수 있다.)

**험담을 무시하라**

프랑크푸르트 암 마인의 노동법원은 최근 "사장을 비판했다는 이유로 해고하지 못한다"[4]라고 판결했다. 어느 직원이 동료들과 대화하다가 "저 위에 앉은 것들은 전부 또라이야"라고 한 말을 여직원이 상사에게 일러바쳤다. 상사는 그 직원을 공식적으로 해고했으나, 노동법원의 판결에 따라 이 해고 건은 이제 인사서류에서 삭제되어야 한다. 법원은 상사를 공개적으로 모욕하거나 회사질서를 훼손하지 않는 한, 동료들끼리 우연히 주고받은 말은 노동법상의 처벌근거가 되지 못한다고 밝혔다.

지도자에 대한 그런 류의 비판은 잠언과 더불어 지혜문학에 속하는 전도서에도 이미 나온다.

> 누가 뭐라 하건, 모두 알려고 하지 마라. 그러다가 네 종이 너를 저주하는 말까지 들을까 두렵다. 너도 알다시피, 때로는 너도 남을 저주하지 않았느냐? _전 7:21-22, 쉬운성경

비판마다 일일이 비판으로 대응할 필요는 없다. 이스라엘의 초대 왕 사울처럼 할 수도 있다. 사울이 왕으로 뽑히자 백성 중에는 찬성하지 않은 사람이 많았다. "어떤 불량배는 이르되 이 사람이 어떻게 우리를 구원하겠느냐 하고 멸시하며 예물을 바치지 아니하였으나 그는 잠잠하였더라"(삼상 10:27). 사울은 왕으로서 이들을 '해고'할 수도 있었지만, 비판을 비판으로 상대하지 않고 그냥 무시했다.

위의 전도서 말씀은 누가 나에게 듣기 싫은 말을 해도 느긋하게 대처하라고 조언한다. 우리도 똑같은 실수를 하기 때문이다. 기독교지도자아카데미 창립자겸 이사이자, 쇼른도르프(독일 바덴뷔르터베르크 주의 도시—역자 주) 출신의 기업가인 칼 쇼크 Karl Schock가 자주 하는 말처럼 "누구나 어리석은 소리를 할 권리가 있다."

누가 나에게 이러쿵저러쿵 미련한 소리를 해댈 때마다 발끈할 필요 없이 무시하면 된다고 생각하면 우선 내가 자유로워지고 편안해진다!

상대의 말 한 마디 한 마디마다 일일이 비판으로 맞서는 사람은 자신이 상처를 입는 수가 많다. 그런 사람은 큰 나무들에 가려서 숲을 못 보는 격이다. 사소한 것은 내버려 두고 당신이 정말 바꾸고 싶은 본질적인 것에 집중하라.

6

지혜로운 비판

> 지혜자의 책망은 들을 줄 아는 귀에 금귀고리와 순금목걸이 같다. _잠 25:12, 쉬운성경

지혜로운 충고자와 그것을 귀담아 들을 줄 아는 사람, 둘이 함께라면 제일 이상적이다. 그렇다면 슬기롭게 충고하기 위한 실용적인 방법은 무엇일까?

**공공연한 거짓말보다 낫다**
독일인은 비판을 즐기는 민족으로 알려져 있다. 맞는 말이다. "욕하지 않으면 칭찬하는 것이다"를 좌우명으로 삼고 사는 사람이 많을 정도니까.

또 한편으로는 더 많이 칭찬하기 위해 "하나를 비판하기 전에 열을 칭찬하라"는 법칙을 권하는 이들도 있다. 늘 부정적인 것만 보는 까탈스러운 현대인들은 이 조건에 따라 가끔

은 긍정적인 것에 눈을 돌릴 수도 있겠지만, 이 규칙을 대화법의 모범으로 삼기에는 상당히 껄끄러운 면이 있는 것도 사실이다. 언젠가 나는 누군가로부터 이 법칙을 활용한 피드백을 받은 적이 있었는데, 솔직히 좀 웃기다고 생각했다. 상대방이 시간을 질질 끌면서 몇 가지 긍정적인 내용을 언급하려고 애쓰다가 결국 처음부터 말하고 싶었던 요점을 꺼냈을 땐, 앞서 그가 늘어놓은 칭찬의 말이 하나도 기쁘게 와닿지 않았다. 차라리 단도직입적으로 핵심을 이야기했더라면 더 좋았을 텐데 싶었다.

앞서 '비겁한 침묵' 장에서 이미 말했듯이, 잠언은 오히려 솔직하게 열린 비판을 하라고 권면한다.

> 면전에서 책망하는 것이 숨겨진 사랑보다 낫다. _잠 27:5, 쉬운성경

이어지는 구절은 그 예를 보여 준다.

> 친구의 아픈 책망은 충직으로 말미암는 것이나 원수의 잦은 입맞춤은 거짓에서 난 것이니라. _잠 27:6

"아첨은 어디서나 통한다"라는 영국속담이 있다. 그러나 아첨하는 자는 자기 목적을 이루기 위해 상대를 이용할 뿐이다. 그런 사람을 잠언에서는 '원수'라고 한다. 이런 자는 목적을 위해서라면 싫은 이에게도 기꺼이 입을 맞출 수 있다.

사랑하는 사람이 내게 말하는 진실이 못 견디게 고통스러울 때는 차라리 아첨이 더 낫게 여겨지기도 한다. 그러나 비판은 무료로 받는 컨설팅과 같다.

나는 고향 교회에서 주일아침마다 설교를 했는데, 어느 날 오후 장남 엠마누엘이 찾아와서 내게 이렇게 말했다. "아버지가 첫 5분 동안 설교하신 내용은 차라리 말하지 않는 편이 더 나았을 거예요." 그는 단 한마디의 사탕발림도 없이 직언을 쏘아댔다. 실제로 나 역시 설교를 하는 동안 회중들의 냉랭한 기운을 느꼈고, 미숙한 서론 때문에 교인 몇 명을 잃기까지 했다. 아들의 옳은 비판을 통해 나는 그 이유를 분명히 알게 된 것이다.

비판에 귀를 틀어막고 외부의 조언을 수용하지 않는 사람은 오랫동안 갈지 않아서 어디에도 쓸모없는 무딘 칼과 같다(잠 27:17). 힘 있는 자 곁에는 아첨꾼들이 바글거리는 법이다. (나를 비추는 거울이 되어 주는 자녀들이 있다는 게 얼마나 감사한지!) 그래서 미국 하버드대학교 조직심리학자 크래머Kramer는, 리더는 진실을 날카롭게 말해 줄 단 한 명이라도 가까이 두기 위해 힘써야 한다고 조언했다. 미국의 영화제작자 사무엘 골드윈Samuel Goldwyn(1884-1974)이 바로 그런 리더였다. "나는 내 주변에 예스맨을 허용하지 않는다. 비록 일자리를 잃을지라도 모두 내게 진실을 말해 주길 원한다."

이는 앞에서 살펴본 "책망하는 사람이 아첨하는 사람보다 나중에 더욱 귀히 여김을 받을 것이다"(잠 28:23, 쉬운성경)라는 말씀과 일맥상통한다. 크래머의 말도 구약의 말씀인 "거만한 마음은 넘어짐의 앞잡이니라"(잠 16:18)에 뿌리를 두고 있다.

**때에 맞는 한마디 말**

> 때에 맞는 말이 얼마나 아름다운고. _잠 15:23
> 경우에 합당한 말은 아로새긴 은 쟁반에 금 사과니라. _잠 25:11

단어뿐 아니라 타이밍을 잘 선택하는 것도 중요하다.

• 너무 일찍 비판하지 마라

> 미련한 자는 당장 분노를 나타내거니와 슬기로운 자는 수욕을 참느니라. _잠 12:16

미련한 자는 즉각 화를 드러내지만, 지혜로운 자는 바로 행동하지 않고 자신을 다스리며 적절한 순간이 올 때까지 참을 줄 안다.

이 말씀의 앞부분 내용은 독일연방군 규칙에 어긋난다. 이 규칙에 따르면 병사는 상관에게 항의할 수 있으나, 그것은 사건 후 24시간이 지나야만 가능하다. 따라서 미련한 자도 불만을 즉시 표현할 수 없다.

곧바로 비판하지 않을 때 비판자 자신에게 주어지는 첫째 장점은 즉흥적으로 화내는 걸 피할 수 있다는 것이다. 보통은 하룻밤 자고 나면 내가 왜 그토록 심하게 화를 냈던가 싶어지기 때문이다. 나는 보통 이메일의 답을 같은 날 바로 주는 편인데, 이런 습관은 시급한 경우에는 바람직하나 메일 내용에 감정이 상했을 경우에는 답에 고스란히 부정적인 감정이 묻어난다는 데 문제가 있다. 나는 얼마나 자주 순간의 충동을 못 이겨서 불같은 답을 바로바로 날려 보내곤 했던지…. 하루 지나고 나서 다음 날 차분하게 한 번 더 다듬어 보내면 좋았을 것을….

즉시 비판하지 않는 것이 비판받는 자에게 주는 장점도 있다. 비판당하는 쪽이 일에 치여 탈진된 경우를 생각해 보자. 예를 들어 나는 어떤 주제의 강연에서는 나를 완전히 오픈해야 하는 경우가 있다. 그럴 때는 강의가 끝나고 나면 긴장이 확 풀리면서 힘이 쭉 빠진다. 아내는 그런 나를 잘 알기에 내게 뭔가 비판 거리가 있어도 집으로 돌아가는 길에는 지혜롭게도 입을 다문다. 내가 다시 기운을 차릴 때까지 기다리는 것이다. 아무리 유익한 비판이라 하더라도 탈진한 사람에게는 그것을 느긋하게 받아들일 만한 감정적 여유가 없기 때문이다.

- **너무 늦게 비판하지 마라**

비판은 너무 늦어도 안 된다. 첫째, 상대가 그 상황을 기억하지 못할 수 있기 때문이며, 둘째, 지나치게 질질 끈 뒷북치는 비판은 신뢰를 얻기 힘들기 때문이다. 만약 당신의 직원이 지난 2월 1일에 마음에 안 드는 행동을 했는데 당신이 8월 1일에 그 일에 대해서 말한다면, 당신의 비판이 아무리 타당하다 하더라도 당시 사건의 정황이 불확실해졌을 뿐만 아니라, 그 직원은 당신이 그 일뿐 아니라 자기가 하는 일 전반에 불만을 가진 것으로 오해할 수 있다.

그러므로 비판을 할 때는 적절한 타이밍이 절대적으로 중요하다. 비판은 너무 일러도 안 되고 너무 늦어도 안 된다. 고대 그리스어에는 이 적절한 순간을 지칭하는 단어가 있는데, 바로 '카이로스'Kairos이다. 카이로스를 아는 것이 지혜의 핵심이다.

**말이 많으면 허물을 면하기 어렵다**

누군가 당신을 비판하는데 했던 말을 하고, 또 하고, 또 한다고 해보자. 당신은 그가 무슨 말을 하려는지 이미 알아들었고, 당신이 뭘 잘못했는지도 충분히 이해했다. 그런데도 그는 똑같은 말을 끊임없이 늘어놓는다. 그의 말이 한 마디 한 마디 되풀이될 때마다 상한 당신의 마음은 찍히고 또 후벼 파인다. 마치 자기 실수를 벌써 깨닫고 반성하는 아이가 계속해서 야단치는 부모 앞에 선 심정이다.

말이 많으면 허물을 면하기 어려우나 그 입술을 제어하는 자는 지혜가 있느니라. _잠 10:19

비판할 때 말을 많이 하지 마라. 불필요한 말은 불필요한 상처를 남긴다. 분명한 몇 마디 말로 요점만 정확하게 전달하라. 다음 장에서는 넘치지도 모자라지도 않게 비판하는 법 4단계를 살펴볼 것이다.

**부드러운 대답은 화를 가라앉힌다**

유순한 대답은 분노를 쉐게 하여도 과격한 말은 노를 격동하느니라. _잠 15:1
다툼을 멀리 하는 것이 사람에게 영광이거늘 미련한 자마다 다툼을 일으키느니라. _잠 20:3

앞서 소개한 '못된 비판자를 위한 꿀팁'을 실천하면 틀림없이 상대에게 상처를 입힐 수 있을 것이며, 상처와 함께 다툼이 시작될 것이다. '너 화법'("너는 말이야…") 즉, 상대를 판단하는 표현을 쓰면 상대는 자신이 공격받았다고 느껴서 자기를 방어하거나 나를 반격하게 되므로 상황은 점차 악화될 것이다. 비판할 때는 '나 화법'을 쓰는 게 바람직하다. 내가 느낀 것, 나에 관한 것만 전달하면 상황을 부드럽게 풀어갈 수 있다.

6년이나 대화법 훈련을 받은 나도 순수하게 '나 화법'으로만 말하는 것이 쉽지 않아, 간접적으로 상대를 탓하는 말을 쓰기도 한다. 예를 들어 "나는 짓눌리는 느낌이 들어"라고 말하면 말 자체는 나 화법 같지만, 내용적으로는 상대가 나를 짓눌렀다는 것을 수동적으로 표현하는 셈이 된다. 그러면 상대는 그런 내 감정을 알아채고 적절하게 대응할 말을 찾지 못하게 된다. 지혜로운 표현을 사용하여 대화하고 싶다면 마샬 로젠버그Marshall Rosenberg(비폭력대화법으로 유명한 미국 심리학자—역자 주)의 다음 세 가지 표가 도움이 될 것이다.[5]

**표1: 겉보기에는 감정을 나타내는 듯하나 실제로는 해석(판단)하는 단어들**

| | | |
|---|---|---|
| 강요당하다 | 배신당하다 | 인정받지 못하다 |
| 거절당하다 | 봐주지 않다 | 조롱당하다 |
| 거부당하다 | 버림받다 | 조종당하다 |
| 고문당하다 | 사기당하다 | 존중받지 못하다 |
| 고립되다 | 사소하다 | 중단시키다 |

| | | |
|---|---|---|
| 고통당하다 | 선동당하다 | 지루하다 |
| 공격받다 | 소홀히 대하다 | 지배당하다 |
| 구속되다 | 소외당하다 | 지지받지 못하다 |
| 궁지에 몰리다 | 숨통을 조이다 | 짓누르다 |
| 기만당하다 | 압박하다 | 창피당하다 |
| 놀림 받다 | 억누르다 | 착취당하다 |
| 냉담하다 | 억압받다 | 쫓아내다 |
| 냉정하다 | 억지로 하다 | 퇴짜 놓다 |
| 단절되다 | 오해받다 | 파괴하다 |
| 따돌리다 | 원치 않다 | 학대받다 |
| 무관심하다 | 위협받다 | 학살당하다 |
| 무시당하다 | 의심받다 | 함부로 대하다 |
| 방해받다 | 이용당하다 | 협박당하다 |

표2: 부정적인 감정을 표현하는 단어들

| | | |
|---|---|---|
| 겁에 질리다 | 맥 풀리다 | 심술 나다 |
| 갑갑하다 | 못마땅하다 | 안달하다 |
| 걱정하다 | 무감각하다 | 언짢다 |
| 격노하다 | 미지근하다 | 억울하다 |
| 격앙되다 | 무관심하다 | 예민하다 |
| 경계하다 | 무기력하다 | 외롭다 |
| 고독하다 | 무디다 | 우울하다 |
| 고민스럽다 | 무서워하다 | 원한을 품다 |
| 곤란하다 | 민감하다 | 의기소침하다 |
| 골치 아프다 | 민망하다 | 의심하다 |

| | | |
|---|---|---|
| 관심 없다 | 부끄럽다 | 정떨어지다 |
| 괴롭다 | 분개하다 | 절망하다 |
| 기가 죽다 | 불만스럽다 | 조바심 나다 |
| 기운 없다 | 불안정하다 | 좌절하다 |
| 긴장되다 | 불편하다 | 주저하다 |
| 깜짝 놀라다 | 불행하다 | 지겹다 |
| 나태하다 | 비관적이다 | 지루하다 |
| 낙심하다 | 비참하다 | 지치다 |
| 내키지 않다 | 상심하다 | 질리다 |
| 냉담하다 | 상처입다 | 짜증나다 |
| 냉정하다 | 섭섭하다 | 초조하다 |
| 녹초가 되다 | 성가시다 | 충격 받다 |
| 놀라다 | 슬프다 | 침울하다 |
| 답답하다 | 시무룩하다 | 풀이 죽다 |
| 당황하다 | 시샘하다 | 피곤하다 |
| 두렵다 | 시시하다 | 화나다 |
| 뒤숭숭하다 | 실망하다 | 혼란스럽다 |
| 마음상하다 | 심란하다 | 회의적이다 |
| 불안하다 | | |

**표3: 긍정적인 감정을 표현하는 단어들**

| | | |
|---|---|---|
| 감격하다 | 반갑다 | 즐겁다 |
| 감동하다 | 사랑스럽다 | 짜릿하다 |
| 감사하다 | 사랑하다 | 차분하다 |
| 감탄하다 | 상냥하다 | 충족되다 |

| | | |
|---|---|---|
| 고맙다 | 상쾌하다 | 친근하다 |
| 고무되다 | 생기가 돈다 | 침착하다 |
| 관심 있다 | 신뢰하다 | 쾌활하다 |
| 궁금하다 | 안심하다 | 편안하다 |
| 근심 없다 | 안정되다 | 평안하다 |
| 기대하다 | 열광적이다 | 평화롭다 |
| 기분이 들뜨다 | 열렬하다 | 푸근하다 |
| 기뻐하다 | 열정이 넘치다 | 행복하다 |
| 긴장을 풀다 | 열중하다 | 호기심이 생긴다 |
| 낙관하다 | 영감을 받다 | 활기차다 |
| 낙천적이다 | 영광스럽다 | 활발하다 |
| 너그럽다 | 용기를 얻다 | 황홀하다 |
| 들뜨다 | 유쾌하다 | 훌륭하다 |
| 따뜻하다 | 의기양양하다 | 흡족하다 |
| 마음이 열리다 | 자신만만하다 | 흥미롭다 |
| 만족스럽다 | 자신감을 얻다 | 흥분되다 |
| 멋지다 | 자유롭다 | 희망차다 |
| 명랑하다 | 좋아하다 | |

혹시 이런 생각이 드는가? '너무 지나치게 세분화하는군. 이럴 필요까지 있나.' 비판자의 눈으로 보면 맞는 말이다. 그러나 비판당하는 자에게는 아 다르고 어 다른 법이다. 당신의 마음속을 잘 들여다보라. 누군가 당신에게 다음과 같이 말한다면 어떤 기분이 들겠는가?

1. "당신은 독재적이야."
2. "당신은 나를 지배하려 들어."
3. "나는 억압받는 기분이야."
4. "나는 짓눌리는 것 같아."

1번 표현이 가장 공격적이고, 2번 표현은 덜 공격적이고, 마지막 4번 표현은 전혀 공격성이지 않다. 다음의 예도 마찬가지다.

당신의 배우자가 이렇게 말한다면 기분이 어떻겠는가?

1. "당신에게는 나보다 일이 더 중요해."
2. "당신에게는 나보다 일이 더 중요한 것 같아."
3. "당신이 나를 무시하는 것처럼 느껴져."
4. "나는 외로워."

**말하기를 더디 하라**

사람마다 듣기는 속히 하고 말하기는 더디 하며 성내기도 더디 하라. _약 1:19

듣기 전에 대답하는 자는 미련하여 수치를 당한다. _잠 18:13, 쉬운성경

이 두 성경구절이 조언하는 바는, 비판하기 전에 먼저 상대가 뭘 말하려고 하는지 잘 듣고, 무엇이 정확히 내 마음에 안 드는지 세심히 관찰하라는 것이다.

함부르크대학의 의사소통심리학자 프리데만 슐츠 폰 툰 Friedemann Schulz von Thun에 따르면, 비판하는 자의 내면에서는 다음의 3단계 과정이 일어난다.

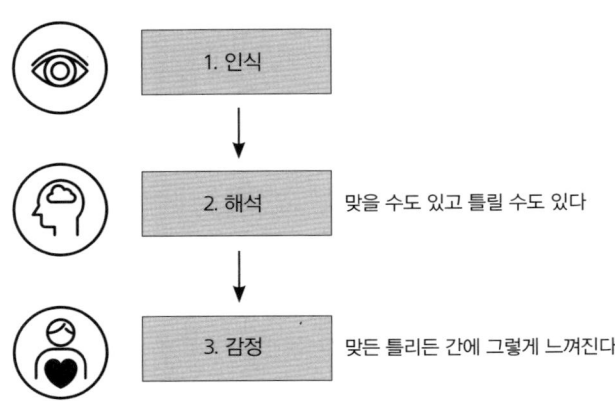

그림4: 비판의 3단계

인식은 뭔가 보고 들을 때 일어난다. 이 인식을 우리는 해석한다. 해석은 생각의 행위인데 맞기도 하고 틀리기도 하다. 해석은 다시 감정을 일으킨다. "보통 이 세 과정은 차례차례 순서대로 일어나지 않고 뒤죽박죽 섞여 있다"고 슐츠 폰 툰 Schulz von Thun은 말한다.[6]

한번은 막내아들 요시아와 마트에 간 적이 있는데, 요시아는 자신의 용돈으로 사탕을 샀다. 나는 화가 나서 요시아에게 "그렇게 용돈을 마구 써 버리면 앞으로 넌 돈을 모을 수 없을 거야"라고 말했다. 그때 내 안에서 무슨 일이 일어난 것일까? 나는 요시아가 사탕을 사는 데 용돈을 쓴다는 것을 인식했다. 요시아가 용돈을 받으면 즉시 써 버리기 때문에 저축할 수 없다고 해석했고, 나는 그 돈을 몹시 힘들게 벌었기 때문에 화가 났다.

여기서 문제는 "너는 돈을 모을 수 없다"는 내 말 속에 해석과 감정이 모두 섞여 있다는 데에 있다. 우리에게는 행위를 즉시 판단하려는 경향이 있다. **바로 평가하지 않고 관찰하는 것은 고도의 기술이다.**

물론 해석을 피하는 것만이 능사는 아니다. 해석은 자연스러운 이해의 과정이다. 여기서 중요한 것은 첫째, 인식과 해석을 의식적으로 분리하는 것이고 둘째, 인식을 통해 해석이 이루어지므로 해석은 맞을 수도 있고 틀릴 수도 있음을 아는 것이다.

이런 과정은 학문하는 방법과 유사하다. 경험에 근거해서 연구하는 학자들은 '관찰자료'와 '그 자료의 해석'이나 평가를 명확하게 구분한다. 바람직한 학문적 연구는, 물리학의 실험구성이나 사회학의 설문조사처럼 먼저 경험을 상세히 기술해야 한다. 그런 후에야 비로소 결론이 도출된다. (물론 가설을 세우거나 관찰자료를 모을 때 학자의 주관적인 요소가 섞이는 것을 피할 수는 없다. 우리가 여기서 말하는 것은 학문적 영역에서는 존재불가능한 이상적인 과정이다.) 이런 과정이 적용되지 않은 연구발표들은 의심해 봐야 한다! 관찰자료만 순수하게 모아놓은 것은 학문적 작업이라고 할 수 없다. 결론과 해석만이 학문적이다.

관찰은 내면으로 인식할 수 있는 것, 말하자면 카메라로 찍을 수 있는 것이다. 예를 들어, 카메라는 어느 세미나에서 '잘 서 있는' 누군가를 찍을 수 없다. 다만 '두 발을 15센티미터 정도 벌리고 서 있는' 누군가만 찍을 수 있을 뿐이다. '잘' 서 있는지 어떤지는 평가의 문제이지 관찰의 문제가 아니다.

대부분의 사람은 자신이 평가되는 것은 원하지 않고 다른 사람을 평가하기를 좋아한다. 학창시절에 받아 본 '잘했다' 혹은 '부족하다'라는 평가가 쓰인 성적표가 기억나는가? 그저 '잘했다'라고만 매긴 성적표는 정확히 어떻게 잘했는지 표현하지 않았으므로 썩 좋은 해석이라고 할 수 없다. 해석할 때는 가능한 한 구체적인 형용사를 선택해야 한다. "나는 당신이 강연할 때 당신의 자세를 자세히 관찰했는데, 당신은 다리를 어깨 넓이만큼 벌리고 굳건하게 서 있었다. 그런 자세는 당신이 확신을 갖고 강연에 임한다는 인상을 주어서 나는 신뢰감을 느꼈다"라는 식으로 말이다.

**4단계 피드백**
'피드백'이라는 말은 인공두뇌학의 조종이론에서 나왔다. '자동제어장치에서 출력의 결과를 목표치와 비교하여 앞 단계로 되돌려 수정하는 제어기능', 즉 쉽게 말하자면 '응답, 반응'이란 뜻이다. 기술시스템이 특정가치에 대해 반응을 얻고 그에 맞추어 대응할 수 있듯이, 의사소통 분야에서 피드백은 내가 상대에게 어떻게 인식되고 이해되고 체험되는지에 대한 정보를 준다.

피드백 영역에서는 앞서 살펴본 인식, 해석, 감정의 3단계 과정에 희망행위가 추가되어 '4단계 피드백'으로 확장된다.

1. 인식

앞장에서 살펴봤듯이, 인식은 구체적으로 관찰한 결과물이다. '언제나', '절대 아니다', '끊임없이'와 같은 일반화는 허락되지 않고, '바로 그 상황'에 대해서만 말한다. 만약 아내가 내게 설거지를 한 번도 도와준 적이 없다고 비난한다면, 나는 아내의 이 일반화된 피드백을 반박하기 위해 작년에 언젠가 도와준 날(정말 그런 날이 있었다!)을 떠올리기 위해 기억을 쥐어 짜낼 것이다. 그러나 아내가 나에게 어젯밤에 설거지를 안 해준 사실에 대해서만 말한다면 나는 (안됐지만) 아내에게 전혀 반박할 수 없을 것이다.

## 2. 해석

내가 관찰한 상대의 태도에 대해 해석하는 것이므로 **맞을 수도 있고 틀릴 수도 있다.** 그래서 어떤 사람들은 해석을 표현하지 않으려고 하지만, 대부분의 사람들은 어떤 식으로든 항상 해석을 한다. 틀릴 가능성이 있다 하더라도 해석은 솔직하게 드러내는 게 의사소통에 도움이 된다. 해석할 때는 두리뭉실하게 표현하지 말고 되도록 구체적으로 묘사하는 것이 좋다. 해석을 구체적으로 솔직하게 전달하면 내가 상대를 어떻게 생각하는지 나 자신에게 분명해지고, 또한 상대방과 연결되는 다리가 놓아질 수도 있다. 나 역시 아들 요시아에게 "너에게는 사탕이 중요한 모양이로구나"라고 말할 수도 있었다. 상대가 왜 그런 행동을 하는지 깊이 생각해 보는 것은 상대의 입장이 되어 보는 첫걸음이다.

## 3. 감정

 감정은 존재한다. 피상적으로 객관적인 표현을 하기보다는 당신의 감정을 있는 그대로 표현하되, 상대에 대해 말하지 말고 자신에 대해서만 말하라. '너는, 너에게, 너를'과 같은 단어는 '감정'에 속하는 게 아니다. (감정표현에 관해서는 앞장의 '부드러운 대답이 화를 가라앉힌다'의 내용과 표1~3을 참고하라.) 감정을 인식과 연결해서 내가 인식한 행동이 왜 이런 감정을 불러일으켰는지 한 문장으로 정리해 보는 것도 도움이 된다. 감정표현은 피드백의 주관성을 강조하므로 "너 그거 잘했어"라는 말 대신 "그 행동이 내 마음에 들어"라고 말하면 된다. 다른 사람은 같은 상황을 전혀 다르게 느낄 수도 있기 때문이다.

## 4. 희망행위

 "너는 ~해야 해"라고 요구하는 대신 "나는 네가 ~ 했으면 좋겠어"라는 식으로 당신이 바라는 바를 말하라. 상대가 해주기를 바라는 나의 희망행위를 말하는 것은 상대를 구속하지 않으면서 상대에게 자유롭게 결정할 여지를 준다. 그 희망은 충족되지 않을 수도 있지만, "나는 네가 이것을 했으면 좋겠다"라는 것은 분명히 전달할 수 있다.

또한 변화에 대한 희망을 표현할 수도 있는데, 상대가 '무엇을 하면 안 되는지'와 함께 '무엇을 해야 되는지'에 대해서도 알게 해주려면 긍정적으로 표현해야 한다. 안 그러면 상대가 당신의 말뜻을 잘못 알아듣고 엉뚱한 행동을 할 수도 있다.

예를 하나 들어보겠다. 몇 년 전 며칠 출장을 갔다가 저녁에 돌아왔더니 아내가 클라우스 아이크호프 목사에게서 전화가 왔으니 오늘 전화해 주라고 말했다. 아내는 길게 통화하지 말라고 부탁했고, 나는 내 방에 가서 아내의 말대로 그와 간단히 통화를 하고 끊었다. 나는 방에 온 김에 컴퓨터를 켜서 이메일을 훑어보고 급한 내용 몇 가지에 답을 했다. 30분 후에 다시 거실로 나와 보니 글쎄, 세상에서 가장 멋진 내 아내가 뾰로통해 있는 게 아닌가. 나는 아내가 시키는 대로 분명히 짧게 통화했기 때문에 그 이유를 몰라 어리둥절했다. 문제는 아내가 내게 하지 말아야 할 것만 말했지 내가 해야 할 행동, 즉 얼른 다시 밖으로 나오라는 것은 말하지 않았다는 데 있었다. 이런 비슷한 일을 당신도 겪은 적이 있다면, 당신이 원하는 바를 상대에게 구체적으로 말하도록 애쓰는 것이 좋을 것이다. 그래야 오해가 생기지 않기 때문이다.

내가 상대에게 바라는 행동을 표현하고 나면 무엇보다 내 마음이 한결 편안해지고 기분이 좋아진다. 이때 주의할 것은 상대의 '존재'에 대해 바라는 바를 말하는 것이 아니라, 상대가 어떤 '행동'을 해주기 바라는가만 말하라는 것이다. 그것은 말 그대로 희망사항이지 충고나 조언이 아니고, 명령은 더더구나 아니다. 상대가 요구하지도 않은 충고를 하는 것은 무엇이 그에게 유익한지 내가 잘 알고 있다는 듯이 상대 위에 군림하는 위치에 서는 것이지만, 희망행위만 말하는 것은 두 사람이 동등한 위치에 있음을 전제하는 것이다.

인식, 해석, 감정, 희망행위는 차례차례 뒤따라서 일어난다. 내가 A를 관찰하면 그것이 내게서 해석되고, 감정을 불러일으키며, 그 관찰에 대해 희망행위가 생기게 된다. 따라서 이 4가지 요소는 서로서로 맞아떨어져야 한다. "나는 안정감이 들어"라는 긍정적인 감정을 표현하고 나서 변화에 대한 희망을 표현하는 것은 서로 맞지 않는다. 이러한 불일치는 피드백하는 사람이 자기에게 긍정적인 감정을 주는 A관찰과 부정적인 감정을 주는 B관찰이라는 두 개의 관찰을 갖고 있음을 간접적으로 드러내는 것이며, 변화를 바라는 희망은 그 두 번째 관찰에 따른 것이다. 피드백을 할 때는 서로 상반되는 A

와 B를 분리하는 것이 중요하다. 예를 들면 이렇다.

- **A에 대한 인식:** 당신은 다리를 어깨 넓이만큼 벌리고 굳건히 서 있었다.
- **A에 대한 해석:** 그런 자세를 보니 당신이 확신을 갖고 강연에 임하는 것 같았다.
- **A에 대한 감정:** 그래서 나는 청중으로서 안정감을 느꼈다.
- **A에 대한 희망행위:** 계속 그렇게 해주기를 바란다!

같은 강연에 대한 두 번째 피드백은 변화에 대한 희망으로 끝을 맺는다.

- **B에 대한 인식:** 당신은 강연 내내 조용히 서 있었다.
- **B에 대한 해석:** 그런 태도를 보니 당신이 지루하게 강연에 임하는 것 같았다.
- **B에 대한 감정:** 나는 당신이 청중에게 무관심하다는 느낌이 들었다.
- **B에 대한 희망행위:** 나는 당신이 강연하면서 가끔 움직여주면 좋겠다.

## 4단계 피드백 연습

누구에게서:
무엇에 대해:
무엇을 위해:

**피드백 1**

 인식:

 그에 대한 해석:

 그에 대한 감정:

 그에 대한 희망행위:

**피드백 2**

 인식:

 그에 대한 해석:

 그에 대한 감정:

 그에 대한 희망행위:

그림5: 도표로 보는 4단계 피드백

이 4단계 피드백이 처음에는 다소 억지스럽게 보인다 할지라도 계속해서 연습하다 보면 자연스러워질 것이다. 여기에는 몇 가지 분명한 장점이 있기에 충분히 훈련할 만한 가치가 있다.

- 공격적이지 않아서 상대에게 상처를 주지 않는다. **상대가 이 규칙을 알든 모르든 상관없이.**
- 단순한 수다 수준의 대화가 아니라 정밀한 표현이 가능해진다.
- 정보가 뒤죽박죽 섞이지 않고 인식, 해석, 감정으로 일목요연하게 분리된다.
- 인식을 날카롭게 한다.
    - 내가 정확히 무엇을 관찰했는가?
- 상대의 입장에 서 보게 된다.
    - 그가 왜 그런 행동을 했을까?
- 나를 정확히 인식하는 데 도움이 된다.
    - 상대가 특정행동을 할 때 내게 어떤 감정이 생기는가?
- 피드백은 주관적이라는 점을 분명히 하게 된다.
- 결과가 열려 있다.

- 상대가 내 희망행위를 충족시킬지 말지 스스로 결정하게 한다.
• 사적인 영역과 공적인 영역 모두에 적용이 가능하다.

그러나 4단계 피드백은 만병통치약이 아니다. 다음의 경우에는 적용되지 않는다.

• 피드백을 하는 자의 마음가짐이 바르지 않을 때
상대보다 우월하다는 마음이나, 상처 주고자 하는 마음을 4단계 피드백 속에 감추려 하면 안 된다. 이런 속마음은 비언어적 의사소통(태도, 몸짓, 표정 등)을 통해 결국 겉으로 드러나게 된다. 대화할 때 언어적 요소와 비언어적 요소가 불일치하면 비언어적인 것이 더 크게 '말하게' 된다.
• 문제가 '사소한' 것일 때
예를 들어, 차트(시각자료)가 잘 안 보이면 강연자에게 화를 나타내지 말고 잘 보이게 방향을 돌려 달라고 부탁만 하면 된다. 사소한 문제에서 감정을 표현하는 말은 지나치게 극단적으로 전달될 위험이 있다.

- 옳고 그름을 밝히는 문제일 때

이것은 바로 이어지는 '잣대 있는 비판' 부분에서 다루겠다.

4단계 피드백을 곧장 완벽하게 적용할 수 있는 사람은 거의 없다. 이 경우에도 "연습이 대가를 만든다". 믿을 만한 상대에게 당신이 4단계 피드백을 제대로 실행했는지, 아니면 숨은 속마음이 감정표현에 드러났는지 말해 달라고 부탁해 보라. 포기하지 마라! 내가 이끄는 세미나에서는 이 4단계 피드백을 5일이나 연습한다.

## 잣대 있는 비판

당신이 어떤 조직의 리더인데 직원이 규칙에 어긋나는 태도를 취했다고 해보자. 만약 당신이 4단계 피드백을 주었는데 상대가 거기에 반응했다면, 당신의 권위를 사용하지 않고도 변화를 이끌어냈으니 잘된 것이다. 그러나 상대가 반응하지 않는다면 어떻게 하겠는가?

중요한 것은 당신 자신이 판단의 잣대가 되지 않고, 당신 자신에게도 적용해야 할 객관적인 기준을 가지고 판단한다는 마음가짐을 갖는 것이다. 모든 직원이 따라야 하는 공동으로 협의한 규칙이 바로 판단의 잣대이며, 직원의 태도가 여기에 안 맞을 때는 지적할 수 있다.

잣대 있는 비판의 장점은 상대의 태도가 당신 마음에 들지 않는다고 비판하는 게 아니라, '공동규칙에 맞지 않기 때문에'라는 명확한 기준을 제시할 수 있다는 것이다. 그렇게 하면 당신은 옳고 그름을 홀로 결정하는 독재자 역할을 하지 않아도 된다. 당신이 리더로서 이 규칙 자체를 만들었다고 해도 당신 역시 이 공동 잣대의 규제를 받는다.

세미나 중에 나는 리더로서 참여자들에게 평가 없이 열린 피드백을 주곤 한다. 그러나 세미나 후에는 가르치는 선생으로서 그들의 과제를 평가하고 성적을 매긴다. 정신과학은 자연과학보다 주관적이기 때문에 성적을 매기기 어려운 부분이 있지만, 나는 그들의 성적을 정하고 내 입장을 밝힌다. 그러나 학생이 탁월한 과제를 제출했는데 내가 못 알아봤을 수도 있다는 가능성은 열어 둔다. 학문을 가르치는 입장에서 나는 내가 이해한 것만 점수를 매길 수 있으며, 이는 학생이 계속 배움의 길을 가는 데 부정적인 영향을 끼칠 수도 있다.

이 예를 보면 피드백이 적절할 때가 있고, 평가가 적절할 때가 있음을 분명히 알 수 있다. 이 둘을 혼동하면 문제가 생긴다. 리더로서 처음에는 중립적인 입장에서 호합을 이끌어 내려고 시도하는 경우가 있다. 나도 선생이 된 초기 몇 년간은 학생들이 제출한 리포터에 코멘트를 적으면서 '수업에 대한 피드백'이라고 제목을 써놓고 정작 끝에 가서는 성적평가로 마무리하곤 했다. 하지만 이렇게 피드백과 평가를 혼동하면 곤란하다. 평가를 피드백으로 그럴듯하게 은폐해서는 안 된다. 요즘 나는 시험지에 '수업에 대한 평가'라고 정확하게 써서 준다.

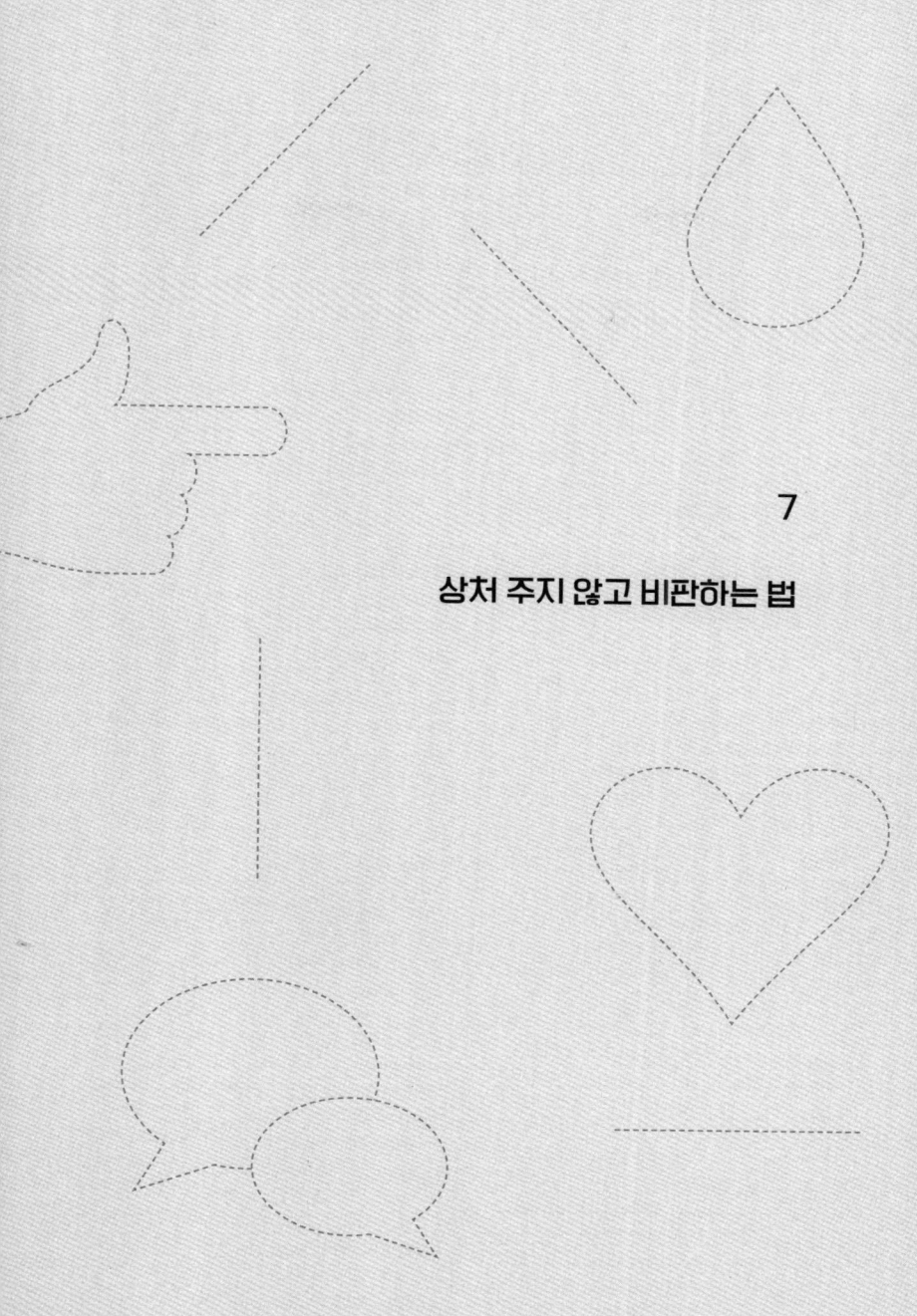

# 7

## 상처 주지 않고 비판하는 법

일의 끝이 시작보다 낫고. _전 7:8

이제 결론을 내려 보자.

**살고 죽는 것이 혀에 달렸다**

말에는 힘이 있다. 말은 흔적 없이 사라지지 않는다. 성경은 하나님이 말씀으로 세상을 창조하셨다는 내용으로 시작한다. 창세기 1장을 보면 '하나님이 말씀하시면' 그대로 되었다.

하나님의 형상으로 창조된 사람도 하나님처럼 말을 할 수 있으며, 사람의 말 역시 힘이 있다. 우리는 이 힘을 건설(축복)하는 데 쓸 수도 있고, 파괴(저주)하는 데 쓸 수도 있다.

혀는 살리기도, 죽이기도 하는 힘을 가졌으니, 혀를 놀리기 좋아하는 자는 그 대가를 받을 것이다. _잠 18:21, 쉬운성경 사람은 자기 혀를 바르게, 또는 그르게 사용할 힘이 있다. 따라서 말에 대한 책임을 전적으로 지고 그 결과(열매)를 감당해야 한다.

신약의 야고보서도 작은 혀가 얼마나 거대한 힘을 가졌는지 자세히 언급하고 있다. 야고보서는 잠언과 비슷한 내용이 많은 책이다. 혀에 대해서 야고보는 잠언 18장 21절과 같은 말을 한다.

> 이와 같이 혀도 작은 지체로되 큰 것을 자랑하도다. 보라 얼마나 작은 불이 얼마나 많은 나무를 태우는가. _약 3:5

야고보는 혀에 힘이 있다고 강조한다. 물론 잠언 18장 21절과 야고보서 3장에는 사소한 차이가 있다. 잠언 18장 21절 말씀은 사람에게 혀를 자유롭게 쓸 수 있는 힘이 있음을 강조하고, 야고보는 혀를 다스릴 수 있는 가능성을 짐승을 길들이는 것에 비유했다. 그러나 그의 확신에는 낙심이 묻어 있다. "혀는 능히 길들일 사람이 없나니 쉬지 아니하는 악이요 죽이는 독이 가득한 것이라"(약 3:8). 사람에게는 혀를 다스릴 권세가 있지만, 그 힘을 사용하는 것이 어려울 때가 있다. 야고보서의 말씀과 또 다른 잠언 말씀은 일맥상통한다.

> 마음의 경영은 사람에게 있어도 말의 응답은 여호와께로부터 나오느니라. _잠 16:1

지혜를 얻기 위해 아무리 노력하고 지혜자로부터 배워도, 적절한 말을 찾는 지혜는 결국 하나님의 선물이라고 성경은 말한다. "여호와는 지식을 주시"기 때문에(잠 2:6) 야고보는 "누구든지 지혜가 부족하거든 모든 사람에게 후히 주시고 꾸짖지 아니하시는 하나님께 구하라"(약 1:5)고 조언한다. 이 말은 그저 손을 무릎 위에 가만히 얹어 놓고 하나님이 전부 해 주시기만을 기다리는, 거룩을 가장한 태만을 뜻하는 게 아니다. 사람은 자기의 말에 책임을 져야 하고, 말할 때에 지혜를 구해야 하며, 경우에 맞게 말하는 법을 배우고 연습해야 한다는 뜻이다.

야고보는 죽고 사는 문제가 혀를 어떻게 사용하는가에 달려 있다고 확신한다.

우리는 우리의 혀로 우리 주님과 하늘에 계신 아버지를 찬양합니다. 그러나 이것으로 하나님의 형상대로 지음받은 사람들을 저주하기도 합니다. 찬송과 저주가 한 입에서 나오고 있습니다. 형제 여러분, 이런 일이 있어서는 안 될 것입니다. _약 3:9-10, 쉬운성경

야고보는 혀를 축복하는 데 쓰는 지혜자가 되라고 당부한다. "너희 중에 지혜와 총명이 있는 자가 누구냐"(약 3:13). 그의 결론은 다시 잠언 말씀과 일치한다.

되는 대로 하는 말은 비수처럼 찌르지만, 지혜로운 자의 혀는 상한 마음을 고쳐 준다. _잠 12:18, 쉬운성경

지혜로운 자는 혀를 생명을 살리는 데 쓰고, 어리석은 자는 생명을 파괴하는 데 쓴다. 크리스티안 라이너 바이스바흐Christian-Reiner Weisbach의 책「노련한 대화법」Professionelle Gesprächsführung은 대화를 세우는 자와 대화를 허무는 자의 차이를 잘 설명해 준다.

이제 우리는 각자 선택해야 한다. 나는 혀를 살리는 데 쓸 것인가, 아니면 죽이는 데 쓸 것인가? 나는 대화를 세울 것인

가, 아니면 허물 것인가?

생명을 선택한 자는 다음의 조언을 새겨듣도록 하자.

**멋진 비판가가 되기 위한 꿀팁**

상처 주지 않고 비판하는 법
1. 비판을 가능한 한 일찍 하라.
2. 상대가 감정적으로 안정된 타이밍을 포착하라.
3. 비판할 때 상대를 동등한 인격으로 대하라. 당신이 잘못 생각할 수 있다는 가능성을 열어 두라.
4. 그 문제에 대해서만 구체적으로 말하라.
5. 행위자가 아니라 행위를 비판하라.
6. 당신이 관찰한 것과 그에 대한 당신의 해석을 구분하라. '좋다', '나쁘다'와 같은 단어는 관찰의 영역이 아니라 해석에 속한다.
7. 감정과 평가를 명확히 구분하라.
    1) 당신의 감정을 인식하고 그 감정에 이름을 붙여라. 오직 '나 화법'을 사용하여 상대에 대해서가 아니라 자신에 대해서만 말하라.

2) '객관적인' 범주가 손상된 경우(공동체 규칙 등) 그 잣대에 이름을 붙이고 어디가 손상됐는지 명시하라.

8. 당신이 원하는 바를 구체적으로 표현하라.

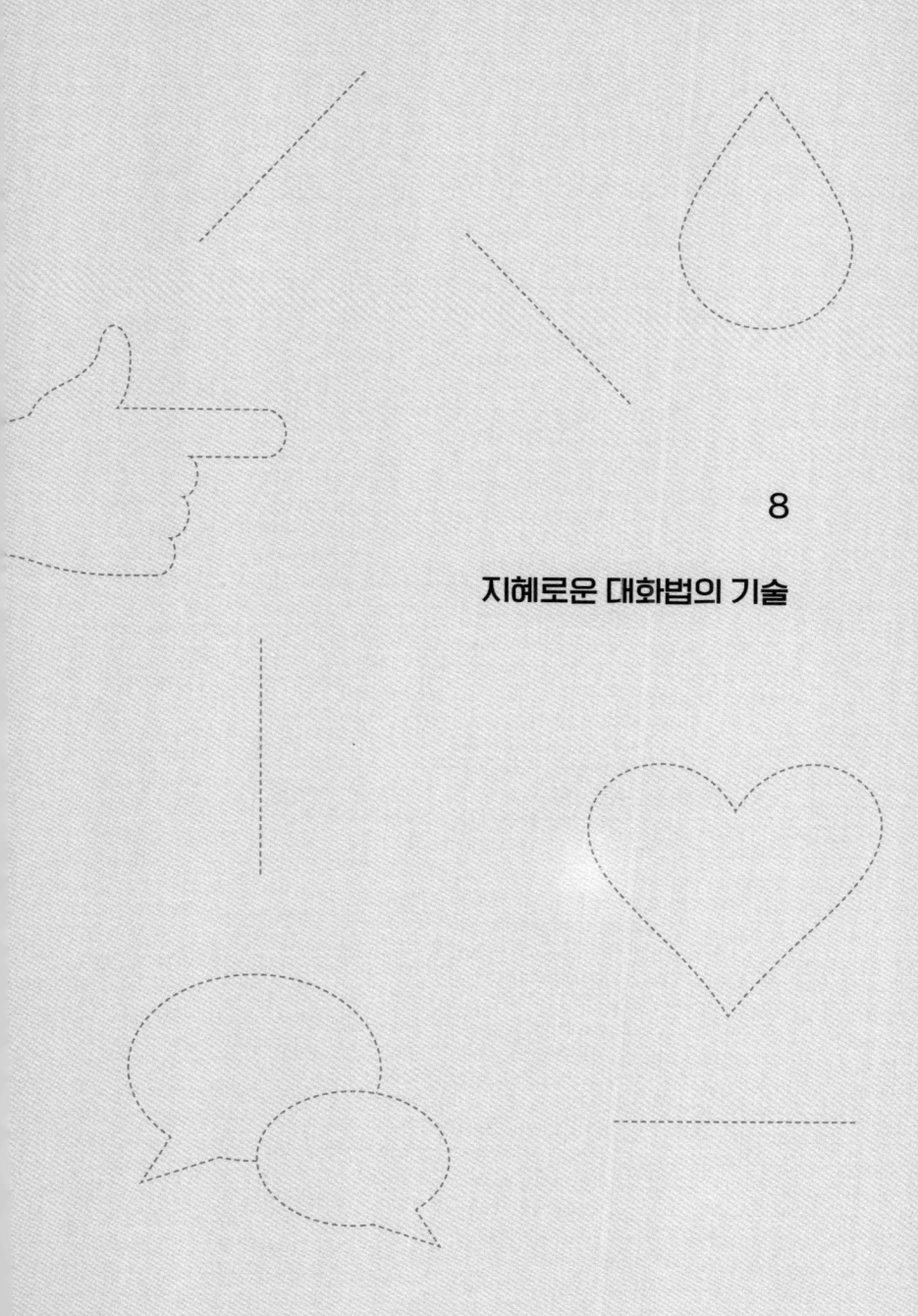

# 8
## 지혜로운 대화법의 기술

앞서 설명한 4단계 피드백을 실천하기가 어려워 이렇게 말하는 이들이 있다. "왜 상대방에게 핵심을 단도직입적으로 말하면 안 되나요?" 하지만 만약 그렇게 한다면, 상대에게 여유를 주기만 하면 발생하지 않을 저항감을 불필요하게 불러일으킬 수 있다. 이제부터 솔로몬의 잠언에서 의사소통방식의 유형을 살펴보며 이 문제를 풀어보자.

### 명령법 대신 직설법

솔로몬의 잠언은 독특한 대화법을 보여 준다. (구약의 율법서와 달리) 설명만 할 뿐이지, 금지하거나 판단하지 않는다. 문법적인 전문용어로는 이렇게 말할 수 있다. 잠언은 대부분 '직설법'을 사용하지 '명령법'을 쓰지 않는다. 다음 구절들을 한번 살펴보자.

다툼을 피하는 것은 영예로운 일이나, 미련한 자는 조급히 싸우려 든다. _잠 20:3, 쉬운성경

여기서도 잠언은 "싸우지 말라"고 하지 않는다. 싸우기 좋아하는 태도는 미련한 것이고, 화평을 추구하는 태도는 영예로운 것이라고 설명할 뿐이다. 그렇다고 해서 독자에게 영예로운 태도를 취하라고 강요하지도 않는다. 게으름뱅이에 관한 다음의 유명한 구절도 한번 살펴보자.

문짝이 돌쩌귀를 따라서 도는 것같이 게으른 자는 침상에서 도느니라. _잠 26:14

게으름뱅이가 침대에 들러붙어서 오른쪽에서 왼쪽으로, 다시 왼쪽에서 오른쪽으로 문짝처럼 한자리를 뱅뱅 맴도는 모습을 상상하면 피식 웃음이 나온다. 여기서도 잠언은 게으름이 어떤 것인지 재미난 장면으로 자세히 설명만 할 뿐 게으르지 말라고 명령하지 않는다. 이외에도 여러 잠언 구절들 (19:24, 22:13, 26:13)이 부지런함과 게으름의 대조적인 모습을 밉지 않은 조롱을 슬쩍 섞어서 익살스럽게 보여 주고 있다.

잠언은 게으름뱅이들도 그런 구절들을 보며 한바탕 웃고 난 다음 계속해서 게으름을 피울 수 있도록 여지를 준다. 독일의 구약학자 클라우스 베스터만Claus Westermann의 말대로 "어리석은 자는 잠언을 읽고 자신이 얼마나 어리석은지를 깨닫고 나서 한바탕 웃은 뒤에 계속 어리석은 채로 살 건지 말 건지 스스로 결정할 수 있는 것이다."[7]

### 독자의 자기 책임

잠언은 독자에게 어떤 행위를 하라고 강요하는 대신 다양한 행위의 결과를 보여 준다.

> 자기의 토지를 경작하는 자는 먹을 것이 많거니와 방탕한 것을 따르는 자는 지혜가 없느니라. _잠 12:11
> 함정을 파는 자는 그것에 빠질 것이요 돌을 굴리는 자는 도리어 그것에 치이리라. _잠 26:27

선택한 행위에 대한 결과를 담담하게, 그러나 생생히 보여 줄 뿐이다. 토지를 경작하라고 권하지도 않고, 함정을 파거나 돌을 굴리면 안 된다고 강요하지도 않는다. 잠언은 독자가 지혜롭게 선택하리라 믿고 그에게 직접 결정할 자유를 준다. 베스터만의 말을 인용하면 "잠언의 많은 구절은 상대방에 대한 믿음에 바탕을 두고 있다. 잠언의 화자는 심판관이 되려 하지 않고… 그저 독자가 책임감 있게 생각하고 성장할 것을 신뢰할 뿐이다. 그것이 지혜다!"[8] 잠언이 독자의 자기 책임에 기반을 두고 있다는 것은, 서로 완전히 상반되는 두 가지 충고를 나란히 제시하고 있는 다음의 두 구절에서 분명히 드러난다.

> 미련한 자의 어리석은 것을 따라 대답하지 말라. 두렵건대 너도 그와 같을까 하노라.
> 미련한 자에게는 그의 어리석음을 따라 대답하라. 두렵건대 그가 스스로 지혜롭게 여길까 하노라. _잠 26:4-5

여기서는 아주 드물게도 명령법을 써서 지시를 내리고 있다. 그런데 이 두 지시는 서로 모순되는 점이 있어서 선뜻 이해하기 힘들다. 그러니까 미련한 자에게는 그의 미련함을 따라 대답하라는 건가, 말라는 건가? 이 모순을 풀어보려고 여러 번역본들은 서로 대립되지 않은 표현들을 쓰기도 하지만,

내 생각에는 위의 두 구절이 다분히 의도적으로 모순성을 보이는 것 같다. 각각 충분히 독립적인 두 구절을 의도적으로 나란히 놓아서, 모두에게 해당하는 보편적인 충고는 없다는 점을 강조하려는 것은 아닐까. 어떤 상황에서는 첫 번째 충고가 맞고, 또 다른 상황에서는 두 번째 충고가 더 적절하다는 사실을 말이다. 두 개의 상반되는 표현을 나란히 둠으로써 비유가 더 선명해지는 것이다.[9] 이 구절 역시 독자들이 각각의 상황에서 책임감 있게 바른 판단을 내릴 것을 요구하고 또 신뢰하고 있다.

여기서 우리가 한 가지 깨닫게 되는 것은, 잠언은 모든 사람에게 동일하게 적용되는 율법서와는 전혀 다른 사고방식과 대화법을 보여 준다는 점이다. 오직 여호와 하나님만을 섬겨야 한다는 첫 계명은 모든 상황에 다 적용되는 법이다. 다른 방식을 취하면 죽는다. 하지만 잠언에서는 그런 치명적인 상황은 드물고, 그저 일상의 '사소한' 상황들을 주로 다룰 뿐이다!

**거부당한 대안**

나는 잠언 속에서 일상생활에 필요한 대화법을 배울 수 있다고 확신한다. 우리는 상대방에게 "이렇게 해야 해", "저렇게 하면 절대 안 돼"라는 충고를 하고 싶어 할 때가 많지만, 이런 명령투는 오히려 상대방이 마땅히 해야 할 일을 하지 않도록 하는 결과를 가져오기 쉽다. 상대방이 자유를 제한당한다고 느끼기 때문에 그렇다. 자유는 우리 인간에게 가장 큰 가치다. 사람은 자유를 억압당한다고 느끼는 순간 그 자유를 되찾기 위해 무슨 짓이든 하기 마련이다. 의사가 "담배 피지 마시오"라고 하면, 담배가 내게 해롭다는 것을 잘 알면서도 기어이 피우고야 마는 것처럼 말이다. 객관적으로 보면 이런 태도가 참 어이없게 느껴질 것이다. 어떤 행위가 내게 해가 된다는 것을 뻔히 알면서도 단순히 그게 금지되었다는 이유로 그것을 해버리고 말다니, 이 어찌된 일인가.

솔직하게 자신을 들여다보면 누구나 이런 비슷한 행동을 한 경험이 떠오를 것이다. 원래는 1번 행동을 하려고 했는데 2번이 금지되었기 때문에 2번 행동을 해버린 경우 말이다. 의사소통학 전문가인 바이스바흐Weisbach와 존네-노이바허Sonne-Neubacher는 이런 경향을 '거부당한 대안에 대한 집착'이라고 명명했다.[10] 단지 금지되었다는 이유만으로 매력 있게 보이는 것들이 꽤 있다는 것이다. 이웃집 마당에서 슬쩍해 온 버찌가 더 달게 느껴지는 것처럼 말이다.

   노련한 판매가들은 거부당한 대안에 집착하는 이 원리를 이용해서 소비자들이 원래 계획보다 더 많은 돈을 쓰도록 유도한다. 비싼 자동차나 자전거를 손님에게 보여 주면서 이런 말을 슬쩍 덧붙이는 것이다. "이 물건은 너무 비싸서 고객님은 구입하시기 어렵겠지만요…." 그러면 우리는 뭔가가 우리에게 허용되지 않았다는 것과 판매자가 내 경제적 능력을 얕보았다는 것에 발끈해서 나도 그만한 능력이 있다는 것을 과시하기 위해 원하지도 않았던 그 비싼 물건을 덥석 사고야 마는 것이다.

**상대방에게 선택권을 주라**

전형적인 결정의 상황을 한번 살펴보자.

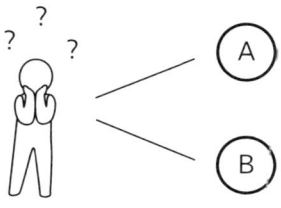

그림6-1: 선택의 고통

8. 지혜로운 대화법의 기술

어떤 사람이 대안 A와 B 중에서 하나를 결정해야 한다고 해보자. 이럴 때는 A를 선택하면 C가 따라오고, B를 선택하면 D가 따라온다는 각 선택에 따른 결과만 그에게 알려 주는 것이 지혜롭다.

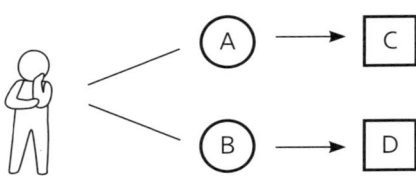

그림6-2: 선택에 따른 두 가지 결과를 보여 줌

잠언의 지혜는 그림6-2에서 그치는 데 있다. 일어날 수 있는 두 가지 결과만 제시할 뿐, A를 하라고 강요하지도 않고 B를 하지 말라고 금지하지도 않는다. 그런데 우리는 그것으로 만족하지 못할 때가 많다. 결과 D가 나쁘다고 확신하면 한 걸음 더 나아가서 상대방에게 "너는 결과 D를 겪으면 안 되니까 대안 B를 선택하면 안 돼"라고 말해야 직성이 풀리는 것이다.

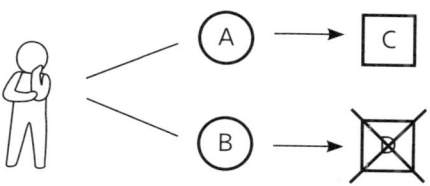

그림 6-3: 직설법 대신 명령법을 사용함

우리는 직설법을 사용하면 뜻이 약하게 전달될까 봐 두려워서 명령법을 쓸 때가 많다. 그래서 그림6-2에서 애써 쌓아 놓은 것을 허물어 버리고 만다. 지혜로운 말은 그림6-2에서 그치고 상대방에게 결정권을 주는 것이다.

어느 선생님이 학부모 면담시간에 어떤 어머니에게 당신 자녀가 수업을 제대로 따라오려면 매일 20분씩 집에서 읽기공부를 시켜야 한다고 말한다고 해보자. 두 선택에 따른 각각의 결과가 제시되었다. 대안 A를 따라 '매일 읽기공부를 하면' 결과 C로 '학교수업을 따라올 수 있고', 대안 B를 따라 '매일 읽기공부를 하지 않으면' 결과 D로 '수업에 뒤처진다'. 선생님은 학부형이 결과 D를 원치 않는다는 것을 알고 있으므로 "이제부터 매일 20분씩 아이를 데리고 읽기공부를 하셔야 합니다"라는 말로 면담을 끝낸다.

어머니는 선생님께 대놓고 반항할 수는 없어 침을 꿀꺽 삼키며 고개를 끄덕이지만 결국 그대로 실행하지는 않는다. 선생님에게 자신의 자유를 침범당했다고 느끼기 때문이다. 이런 경우 선생님은 두 가지 결과를 제시하는 것에서 끝냈어야 했다. 그러지 않고 한걸음 더 나아가서 명령법을 사용해 버리면, 오히려 한걸음 퇴보하여 해서는 안 되는 행위를 더 하게 만드는 역효과를 불러오게 된다.

우리 가족의 예를 하나 들어보겠다. 얼마 전에 나는 자녀, 손자들과 함께 헝가리 볼로톤호로 휴가여행을 갔다. 세 살짜리 손자 요한네스는 유당불내증이 있어서 우유를 마시면 심하게 배앓이를 하고 설사를 한다. 그 녀석은 식탁 위 여러 군것질거리들 옆에 놓여 있는 초코케이크가 몹시 먹고 싶었다. "나 저거 먹을래"라고 말하자 엄마 나타냐가 설명했다. "이 케이크는 먹으면 안 돼. 유당이 들어 있거든." 이런 대화가 무한 반복됐다.

꼬맹이는 점점 더 떼를 쓰기 시작했다. 세 살짜리와 엄마 사이의 이 전형적인 권력투쟁은 결국 엄마가 케이크를 그 녀석 앞에 갖다놓고 이렇게 말하는 것으로 끝이 났다. "그 안에 유당이 들어 있다고 나는 분명히 말했어. 내 말을 못 믿나 본

데, 유당을 먹고 나면 배가 아프다는 건 잘 알고 있지? 자, 먹을지 말지 네가 선택해." 요한네스는 움찔하더니 떼쓰는 걸 그치고 조용히 다른 걸 먹기 시작했다.

나는 이 광경을 보고 감탄했다. 이런 식의 대화법이 어른에게 효과적이라는 것은 이미 잘 알고 있었지만 세 살짜리에게도 먹힐 줄은 미처 몰랐다. 금지는 요한네스에게 저항을 불러일으켰다. 그런데 그에게 자유로운 결정권을 주자 비로소 그는 자신에게 더 유익한 것을 자발적으로 선택했다. 그 일이 죽고 사는 문제는 아니었기 때문에, 엄마는 어린 아들에게 선택권을 줄 수 있었다. 최악의 경우, 요한네스가 온종일 배가 아프다고 뒹굴며 설사를 해댔겠지만 말이다.

바이스바흐와 존네-노이바허는 "상대방에게 선택권을 주라"고 권한다.[11] 다음의 시답잖은 표현들은 상대방에게 저항감을 불러일으키기 쉽다.

- 반드시 ~해야 해.
- 마땅히 ~해야지.
- ~해선 안 돼.

이러한 말들은 상대방에게 전혀 피할 구멍을 주지 않는다. 따라서 대화를 할 때는 상대방에게 선택의 자유를 주는 표현을 쓰는 것이 더 효과적이다. 명령하는 대신 4단계 피드백을 사용해 보라. 4단계 피드백은 상대방에게 완전한 선택의 자유를 주기 때문이다.

## 감사의 말

보통의 수학자들이 그렇듯 나 역시 인간관계에 서툰 편이다. 어릴 때부터 숫자에는 재능을 보였지만 의사소통에는 전혀 그렇지 못했다. 남들은 자연스럽게 하는 대화법, 즉 '상처 주지 않고 비판하는 법'도 나는 배워야만 했다. 그것을 배울 수 있다는 것이 바로 복음이었다!

나와 더불어 살고 일하며 내 대화법에 거울이 되어 준 모든 분에게 진심으로 감사드린다.
이 책을 함께 고민하고 작업해 준 아내 마티나, 이 책에 자기 이야기를 예화로 싣도록 허락해 주고 유익한 조언을 해준 네 아이들, 엠마누엘, 나타냐, 미카, 요시아. 이 녀석들은 아버지를 비판하기를 무척 즐긴다. 특히 책을 쓸 때는 더욱!
원고에 건설적인 조언을 해준 프란치스카 호른스트라-푹스와 홀라흐, 4단계 피드백을 멋지게 도안해 준 그래픽디자이너 모니카 롯, 마지막으로 저자에게 상처 주지 않고 원고를 비판하는 탁월한 능력을 보여 준 편집자 랄프 티부젝에게 감사의 마음을 전한다!

# 참고문헌

Bühlmann, Walter. 1976. *Vom rechten Reden und Schweigen. Studien zu Proverbien 10-31*. Göttingen: Vandenhoeck & Ruprecht.

Fischer, Roger, Ury, William & Patton, Bruce M. 2000. *Das Harvard-Konzept. Sachgerecht verhandeln – erfolgreich verhandeln*. Jubiläumsausgabe. Frankfurt a.M.: Campus.

Glasl, Friedrich. 2004. *Konfliktmanagement. Ein Handbuch für Führungskräfte, Beraterinnen und Berater*. 8. akt. u. erw. Aufl. Stuttgart, Wien: Haupt.

Kessler, Martina & Hübner, Michael. 2013. *Von Kritik lernen bhne verletzt zu sein*. Edition AcF. Gießen: Brunnen.

Kessler, Volker. 2011. *Providing criticism without causing pain*. The South African Baptist Journal of Theology Vol. 20, 106-118.

*Kölnische Rundschau*. 2005. www.rundschau-online.de Tagesthemen. 15. März 2005.

Kramer, Roderick M. 2004. Hochmut kommt vor dem Fall, in *Harvard Business Manager* April 2004, 79-91.

LexisNexis 2005. www.lexisnexis.de Aktuelles. 14. März 2005.

Murphy, Roland E. 1998. *Proverbs*. Word Biblical Commentary 22. Nashville: Thomas Nelson.

Plöger, Otto. [1983] 2003. *Sprüche Salomos. Proverbia*. Biblischer Kommentar Altes Testament XVII. Studienausgabe. Neukirchen-Vluyn: Neukirchener Verlag.

Rosenberg, Marshall B. 2002. *Gewaltfreie Kommunikation. Aufrichtig und einfühlsam miteinander sprechen. Neue Wege in der Mediation und im Umgang mit Konflikten*. 3. korr. Aufl. Paderborn: Junfermann.

Schulz von Thun, Friedemann. [1981] 1997. *Miteinander Reden 1. Störungen und Klärungen*. Reinbek: rororo.

von Rad, Gerhard. [1970] 1992. *Weisheit in Israel*. Gütersloh: Gütersloher Verl.-Haus Mohn.

Watzlawick, Paul, Beavin, Janet H. & Jackson, Don D. 2000. *Menschliche Kommunikation. Formen, Störungen, Paradoxien*. 10. Aufl. Bern: Hans Huber

Weisbach, Christian-Reiner & Sonne-Neubacher, Petra [1992] 2015. *Professionelle Gesprächsführung. Ein praxisnahes Lese- und Übungsbuch*. 9. überarb. & aktual. Aufl. München: dtv.

Westermann, Claus. 1996a. *Das mündliche Wort. Erkundungen im Alten Testament*. Stuttgart: Calwer Verlag.

Westermann, Claus. 1996b. *Das Buch der Sprüche*. Stuttgart: Deutsche Bibelgesellschaft.

Zigarelli, Michael. 1999. *Management by Proverbs. Applying Timeless Wisdom in the Workplace*. Moody Press.

Zimmerli, Walther. [1972] 1999. *Grundriß der alttestamentlichen Theologie*. 7. Aufl. Stuttgart: Kohlhammer.

# 주

1. 참고문헌에 나온 발터 침머리Walther Zimmerli의 1999년 책 136쪽
2. 참고문헌에 나온 게하르트 폰 라트Gerhard von Rad의 1992년 책 94쪽
3. 참고문헌에 나온 오토 플뢰거Otto Plöger의 2003년 책 312-313쪽
4. 서류번호 6 Ca 7216/04, *Lexisnexis* 2005
5. 참고문헌에 나온 마샬 로젠버그Marshall Rosenberg의 2002년 책 56-58쪽
6. 참고문헌에 나온 슐츠 폰 툰Schulz von Thun의 1997년 책 73쪽
7. 참고문헌에 나온 클라우스 베스터만Claus Westermann의 1996a년 책 148쪽
8. 참고문헌에 나온 클라우스 베스터만Claus Westermann의 1996a년 책 149쪽
9. 참고문헌에 나온 오토 플뢰거Otto Plöger의 2003년 책 310쪽
10. 참고문헌에 나온 바이스바흐Weisbach와 존네-노이바허Sonne-Neubacher의 2015년 책 119쪽
11. 참고문헌에 나온 바이스바흐Weisbach와 존네-노이바허Sonne-Neubacher의 2015년 책 123쪽

## 저자의 세미나 안내

이 책을 읽고 나서 배운 내용을 가능한 한 전문적인 영역에서 한 번 연습해 보고 싶으신 분들이 있다면 '웅변술, 갈등대처, 회의진행'을 주제로 여는 우리 세미나에 참여해 보길 바란다. 여기서는 '상처주지 않고 비판하는 법'과 대화법, 회의진행법, 남녀의 의사소통, 성격과 대화 등 갈등해소를 위한 여러 주제를 연습해 볼 수 있다.

'기독교 지도자 아카데미'는 1999년부터 크리스천 리더를 길러내기 위한 교육을 해오고 있는데, 이곳에서는 실력과 자격을 갖춘 교수진이 인성개발, 직원관리, 리더십전략, 지도자윤리 및 기업윤리 등의 주제를 가르친다.
이 과정을 이수하면 남아프리카의 대학과 협력하여 크리스천 리더십 석사자격을 취득할 수 있으며, 그밖에도 기독교영성 과정에서 신학석사(MTh)와 개발학 과정에서 문학석사(MA) 취득도 가능하다. 교육은 독일 내 여러 곳에서 이루어지며 통신교육도 가능하다. 더 자세한 사항은 www.acf.de 또는 www.developmenstudies.de에서 확인할 수 있다.

www.acf.de
Akademie für christliche Führungskräfte,
Furtwänglerstr. 10, 51643 Gummersbach, Deutschland
Fon: ++ 49 (0) 22 61/80 72 27
E-Mail: info@acf.de

당신의 참여를 기쁘게 기다리겠다!

_폴커 케슬러

잠언에서 배우는
## 상처 주지 않고 비판하기

초판발행 • 2019년 10월 10일
2쇄발행 • 2019년 12월 20일

지은이 • 폴커 케슬러
옮긴이 • 강미경
발행인 • 임용수
대표 • 조애신
책임편집 • 이소연
편집 • 이소정
디자인 • 임은미
마케팅 • 전필영
온라인마케팅 • 고태석
경영지원 • 김정희, 전두표

발행처 • 도서출판 토기장이
주소 • 서울시 마포구 망원로 26 토기장이 B/D 3F
출판등록 • 1990년 10월 11일 제2-18호
대표전화 • (02) 3143-0400
팩스 • (02) 3143-0646
E-mail • tletter@hanmail.net
www.facebook.com/togijangibook

ISBN 978-89-7782-423-2

값 6,000원

"우리는 진흙이요 주는 토기장이시니
우리는 다 주의 손으로 지으신 것이라"(이사야 64:8)

이 도서의 국립중앙도서관 출판예정도서목록(CIP)은
서지정보유통지원시스템 홈페이지(http://seoji.nl.go.kr)와 국가자료종합목록 구축시스템
(http://kolis-net.nl.go.kr)에서 이용하실 수 있습니다. (CIP제어번호 : CIP2019037231)